WISSEN KOMPAKT

Gerhard Sommerer

Produktions- und Kostentheorie

Grundlagen der betriebswirtschaftlichen Produktions- und Kostentheorie

2., überarbeitete Auflage

Verlag Wissenschaft & Praxis

Bibliografische Information der Deutschen Bibliothek

Die Deutsche Bibliothek verzeichnet diese Publikation in der Deutschen Nationalbibliografie; detaillierte bibliografische Daten sind im Internet über http://dnb.ddb.de abrufbar.

ISBN 978-3-89673-519-5

Nußbaumweg 6, D-75447 Sternenfels
Tel. +49 7045 930093 Fax +49 7045 930094
verlagwp@t-online.de www.verlagwp.de

Printed in Germany

Vorwort

Mit der Produktions- und Kostentheorie sollen die grundlegenden theoretischen Zusammenhänge bei der Transformation von bereitgestellten Produktionsfaktoren, auch als Einsatzfaktoren bezeichnet, in die benötigten Ausbringungsmengen und die davon abhängige Kostenentwicklung dargestellt werden. Schwankende Marktbedürfnisse führen in der Regel zur zeitlich begrenzten Steigerung oder Verringerung der Ausbringungsmengen, die infolgedessen eine Schwankung des Verbrauchs an Produktionsfaktoren hervorrufen. Es ist die Frage zu beantworten, wie sich dann die Kosteninanspruchnahme entwickelt und welche Zusammenhänge sich verallgemeinert abheben lassen. Wenn Abhängigkeiten zwischen Ausbringungsmengen, der Menge an Einsatzfaktoren und der Kostenentwicklung bestehen und wir sie erkennen, dann können und müssen wir diese Erkenntnisse bei den betrieblichen Entscheidungsprozessen bewusst zur effizienteren Unternehmensführung einsetzen.
Die Kapitel 1, 2 und 3 führen über eine vorerst abstrakte Denkweise an die grundsätzlichen Zusammenhänge zwischen Produktion und daraus entstehender Kosten heran. Die Produktionsfunktionen beschreiben die mengenmäßigen Zusammenhänge zwischen der Ausbringungsmenge und der eingesetzten Produktionsfaktoren. Die Darstellung der Produktionsfunktion vom Typ A - Ertragsgesetz - erfolgt zuerst anhand der Variation eines Einsatzfaktors. Die Begriffe Gesamtertrag, Grenzertrag und Durchschnittsertrag werden erläutert. Über die Umkehrung der Produktionsfunktion wird der Übergang zur Kostenfunktion vollzogen und die Begriffe Gesamtkosten, Grenzkosten und Durchschnittskosten definiert.
Die Behandlung der Produktionsfunktion vom Typ A wird am Beispiel der Variation von zwei oder mehreren Einsatzfaktoren fortgesetzt. Es werden die Begriffe Isoquante, Durchschnitts- und Grenzrate der Substitution und die Minimalkostenkombination erläutert. Berechnungsbeispiele festigen die theoretisch vermittelten Sachverhalte.
Die wesentlichen Lehr- und Lernziele bestehen darin, über eine abstrakte Betrachtung des Unternehmens mit Hilfe systemtheoretischer Ansätze

- die Zusammenhänge und Abhängigkeiten bereitgestellter Produktionsfaktoren und der daraus resultierenden Ausbringungsmengen in einem Produktionsprozess zu erfassen,
- den Übergang von der Produktionsfunktion zur Kostenfunktion zu vollziehen,
- das Verhalten von Ertrag und Kosten bei der Variation von nur einem Einsatzfaktor kennen zu lernen,
- die Minimalkostenkombination bei Variation substituierbarer Einsatzfaktoren kennen zu lernen und
- durch das Lösen von Übungsaufgaben zum Ertrags- und Kostenverhalten den Lehrstoff zu festigen.

Das Kapitel 3 soll aufbauend auf den bisherigen Wissensstand die grundlegende Theorie der Produktionsfunktion vom Typ B, auch bezeichnet als Verbrauchsfunktion, darstellen. Es werden die Begriffe Faktorverbrauch, Leistungsgrad, technischer Leistungsgrad, optimaler Leistungsgrad, Intensität, optimale Intensität erläutert, die oft in der betriebswirtschaftlichen Literatur synonym verwendet werden.

Eine Addition der in der Regel nicht linearen Verbrauchsverläufe unterschiedlicher Einsatzfaktoren zur Erreichung eines minimalen Gesamtverbrauches ist aufgrund unterschiedlicher Maß- und Mengeneinheiten nicht möglich, sodass für eine Minimierung die Vergleichbarkeit des Faktorverbrauchs nur über die Bewertung mittels der Faktorpreise hergestellt werden kann. Es ist insbesondere das Verständnis zum Umgang mit spezifischen technischen und ökonomischen Kenngrößen zu entwickeln. Es wird gezeigt, dass der Faktorverbrauch bei industriellen Prozessen nicht immer linear und unmittelbar von der Ausbringungsmenge abhängt, sondern durch die Eigenschaften des Produktionssystems vorbestimmt wird. Zum Funktionieren der Produktionssysteme erzwingen die Eigenschaften der technischen Systeme in Abhängigkeit von der abgeforderten Intensität schwankende Mengen an Einsatzfaktoren. Eine solche Verhaltensweise hat Konsequenzen für die Kostenentwicklung.

Das Kapitel 4 behandelt ausgewählte Kostenentwicklungen und Kostenverläufe, die sich aus der Betrachtung von Verbrauchsfunktionen ergeben. In Abhängigkeit vom nichtlinearen Verbrauch der Einsatzfaktoren entwickeln sich sehr unterschiedliche Kostenverläufe. Bei Veränderung der Beschäftigungslagen (Auftragslagen) folgen die Kostenveränderungen nicht linear der Veränderung der Ausbringungsmengen. Insofern ergeben sich erste Optimierungsmöglichkeiten aus einer nur zeitlichen oder nur intensitätsmäßigen Anpassung oder aus deren Kombination an die Veränderung der marktrelevanten Ausbringungsmengen. Weitere Anpassungsformen werden nur kurz verbal beschrieben.

Mit Kapitel 5 wird ein Überblick zu weiteren Produktionsfunktionen gegeben. Die Lehr- und Lernziele bestehen darin, über eine abstraktere Betrachtung des Produktionsprozesses

- die Zusammenhänge beim Verbrauch mehrerer Einsatzfaktoren unter Beachtung der Intensität von Produktionssystemen zu erkennen,
- die Abhängigkeiten zwischen den intensitätsabhängigen Faktorverbräuchen und der Entwicklung der Kostenverläufe bei der Variation mehrerer Einsatzfaktoren beurteilen zu können,
- wesentliche Kostenverläufe infolge der Anpassung an sich ändernde Beschäftigungslagen ermitteln zu können,
- Fähigkeiten zur Minimierung der Kosteninanspruchnahme durch vergleichende Berechnungen zu erlangen und
- durch das Lösen von Übungsaufgaben zum Verbrauchs- und Kostenverhalten von Produktionssystemen die Kenntnisse zu festigen.

Zwickau, Mai 2009 Prof. Dr.oec.habil. Prof. e.h. Gerhard Sommerer

Inhalt

Produktions- und kostentheoretische Grundlagen

1.1 Modelle in der Betriebswirtschaftslehre

Die Betriebswirtschaftslehre liefert Aussagen über wirtschaftliche Prozesse, die sich innerhalb und zwischen Betrieben vollziehen. Als **wirtschaftlich** bezeichnet man jene Prozesse, die durch menschliches Handeln die Bereitstellung und Verwendung knapper Güter veranlassen.
Die Betriebswirtschaftslehre ist eine selbständige wirtschaftswissenschaftliche Disziplin und kann in eine beschreibende und in eine entscheidungsorientierte Wissenschaft differenziert werden.

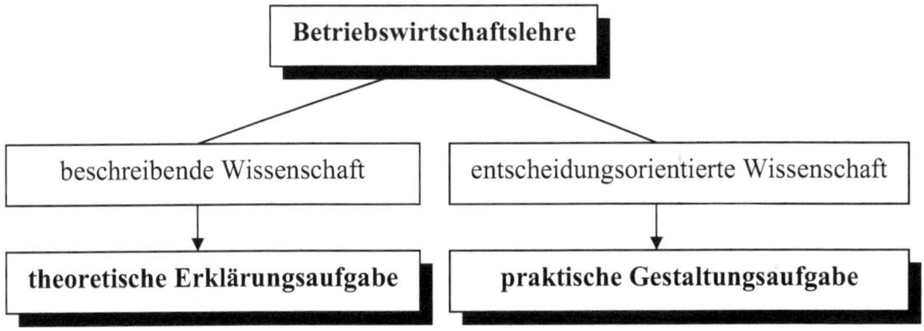

Abbildung 1: Differenzierung der Betriebswirtschaftslehre

Gemeinsames Untersuchungsobjekt aller Wirtschaftswissenschaften ist die Wirtschaft, also jenes Gebiet der menschlichen Tätigkeit, das der Bedürfnisbefriedigung dient. Die menschlichen Bedürfnisse sind praktisch unbegrenzt, aber die geeigneten Mittel zur Bedürfnisbefriedigung (menschliche und natürliche Ressourcen) sind von Natur aus begrenzt. Daraus leitet sich die Notwendigkeit des Wirtschaftens ab, das heißt, es besteht die Notwendigkeit des sparsamen Umgangs mit den Ressourcen. Es ist also der **Tatbestand der Knappheit**, der den **Kern des Wirtschaftens** ausmacht, wobei vor allem die Güterknappheit uns entscheidend zum wirtschaftlichen Handeln veranlasst.
Der Begriff der beschreibenden Wissenschaft äußert sich in der Betriebswirtschaftslehre in einer theoretischen Erklärungsaufgabe. Allgemein kann formuliert werden, dass alle wissenschaftlichen Forschungen das Gewinnen von Erkenntnissen zum Inhalt haben. Die Aufgabe der Betriebswirtschaftslehre ist es, das gesamte wirtschaftliche Handeln, das sich innerhalb der Betriebe und in ihren Beziehungen zur Umwelt vollzieht, zu erforschen und zu beschreiben und die erkannten Gesetzmäßigkeiten des betrieblichen Funktionierens in Form von Entscheidungshilfen und betriebswirtschaftlichen Instrumentarien für künftige betriebliche Prozessabläufe und für eine effizientere Zielerreichung bereitzustellen.

Das Ziel ist es, allgemeingültige oder für abgegrenzte größere Bereiche gültige Aussagen zu erarbeiten. Diese Allgemeingültigkeit erfordert aber von den Besonderheiten einzelner Betriebe zu abstrahieren. Erst die Abstraktion ermöglicht dem Wissenschaftler über einen **theoretischen Betrieb** den Zugang zu den allgemeinen Gesetzmäßigkeiten des Funktionierens eines Betriebes.
Die Darstellung betrieblicher Zusammenhänge erfolgt in Form von *Modellen*, so z.B. als

- Formales Modell:
  Zusammenhänge werden in Form von mathematischen Funktionen dargestellt,
  Beispiel: Produktions- und Kostentheorie, K = f (m), (die Kosten K sind eine Funktion der Ausbringungsmenge m),
- Verbales Modell:
  Zusammenhänge werden verbal beschrieben,
  Beispiel: „Die hohe Flexibilität der Fertigung ergibt sich aus der Identifikation der Mitarbeiter mit ihrem Unternehmen.“ (Dieser Zusammenhang ist nicht in Zahlen ausdrückbar)

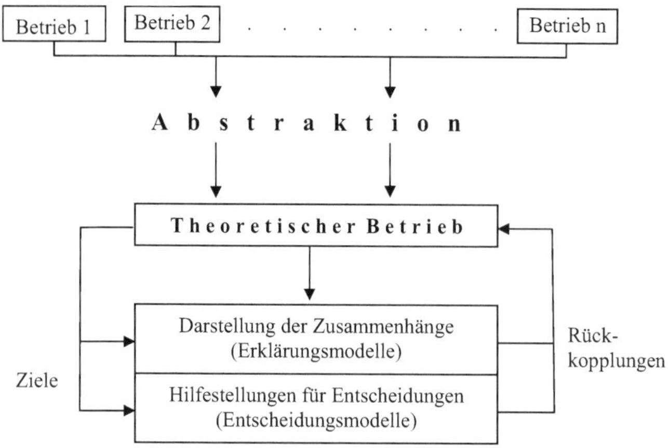

Abbildung 2: Prinzipdarstellung des Abstraktionsprozesses

Der Begriff der entscheidungsorientierten Wissenschaft äußert sich in einer praktischen Gestaltungsaufgabe betrieblicher Abläufe. Die Zielerfüllung wird durch Entscheidungen und deren Durchsetzung und Durchführung in allen Hierarchieebenen des Betriebes bestimmt. Die praktische Umsetzung vollzieht sich im Wesentlichen in folgenden zwei Aufgaben:

- Entscheidung fällen:
  je exakter das Abbild des Betriebes oder Prozesses, umso fundierter die Entscheidung und umso qualitativer die Zielerfüllung,
- Wege aufzeigen:
  mögliche Wege zur Erreichung der geplanten Ziele unter Beachtung betriebswirtschaftlicher Zusammenhänge aufzeigen.

Dazu bedient sich die Betriebswirtschaftslehre sogenannter *Entscheidungsmodelle.* Sie erweitern die bisherigen *Erklärungsmodelle* und geben den Weg zu Optimierungsrechnungen frei.
„In der Produktions- und Kostentheorie werden spezifische Beziehungen realer wirtschaftlicher Prozesse abgebildet. Deshalb sind sie als Realmodelle zu formulieren. Idealmodelle können allenfalls zur Erfüllung dieser Aufgabe angesehen werden. Durch die logische Analyse dieser Tatbestände haben Idealmodelle eine Bedeutung für die Entdeckung realer Beziehungen." (Schweitzer, Küpper, 1997, 8) Damit nähern wir uns dem Gebiet der Kybernetik[1], die mit Hilfe von abstrakten Systemen die Gesetzmäßigkeiten des Funktionierens dynamischer Systeme erforscht. „Produktions- und Kostentheorie untersuchen nur quantitative Tatbestände. Aus diesem Grund bestehen sie lediglich als quantitative Modelle. Diese Modelle können deterministischen oder nichtdeterministischen (stochastischen bzw. deterministischen) Charakter haben. Ferner können Produktions- und Kostentheorie sowohl statisch als auch dynamisch konzipiert werden." (Schweitzer, Küpper, 1997, 8)

1.2 Systembetrachtungen

Für das erste Verständnis produktions- und kostentheoretischer Betrachtungen ist ein hoher Abstraktionsgrad notwendig. Wir betrachten ein Unternehmen, einen Betrieb vorerst nicht in der real existierenden Form, sondern als ein für uns noch im Inneren unbekanntes Gebilde, als ein System. Ohne schon genau das innere Funktionieren zu kennen, wird das Unternehmen, der Betrieb anhand der Veränderungen seiner hineinund herausfließenden Güterströme beurteilt. Er wird gewissermaßen als "black box" (schwarzer Kasten), im Sinne eines für uns noch unbekannten Gebildes, betrachtet. Im kybernetischen Sprachgebrauch sprechen wir von einem System mit Inputs und Outputs.

---

[1] **Kybernetik** (griech. Steuermannskunst) ist die Wissenschaft von den kybernetischen Systemen, d.h. von (abstrakten) Systemen, die als theoretische Analogiemodelle bestimmte wesentliche allgemeine Eigenschaften von Klassen dynamischer Systeme in den verschiedenen Bereichen der Wirklichkeit widerspiegeln oder die in Übereinstimmung mit Gesetzmäßigkeiten der objektiven Realität als theoretische Modelle möglicher dynamischer Systeme dieser Art angesehen werden müssen. Die Kybernetik versucht, gleiche Strukturen und Funktionen in den Einzelwissenschaften aufzudecken und abstrahiert von der stofflichen und energetischen Beschaffenheit der untersuchten Systeme und Prozesse. Die Kybernetik besteht aus fünf Hauptgebieten: System-, Informations-, Regelungs-, Algorithmen- und Spieltheorie. Wichtige Methoden der Kybernetik sind u.a. die Black-box-Methode und die Modellmethode.

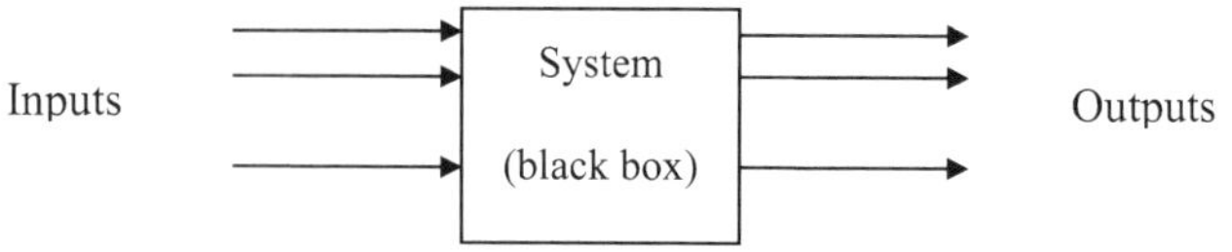

Abbildung 3: Kybernetisch orientierte Systemdarstellung mit In- und Outputs

Systemgestaltung, Systemdenken sind Begriffe, die für das Verständnis der Produktions- und Kostentheorie notwendig sind. Das Erfassen, Analysieren und Verändern komplizierter und komplexer Zusammenhänge im Funktionieren von Unternehmen in ihrem Umfeld wird uns nur in einer **ganzheitlichen Betrachtung** gelingen. Damit wird der Begriff System berührt.

Ein System besteht aus einer Menge von Elementen und Relationen zwischen ihnen. Es wird als ein zusammenhängendes Ganzes, als Ganzheit betrachtet.

Die ganzheitliche Behandlung komplexer und komplizierter Sachverhalte wird durch die jeweilige Systemgrenze in Abhängigkeit von der Betrachtungs- oder Hierarchieebene bestimmt. Eine allgemeingültige Ganzheitlichkeit gibt es nicht. Sie ist immer von einer vorher definierten Systemgrenze, beispielsweise System 1. Ordnung, 2. Ordnung oder n-ter Ordnung, abhängig.

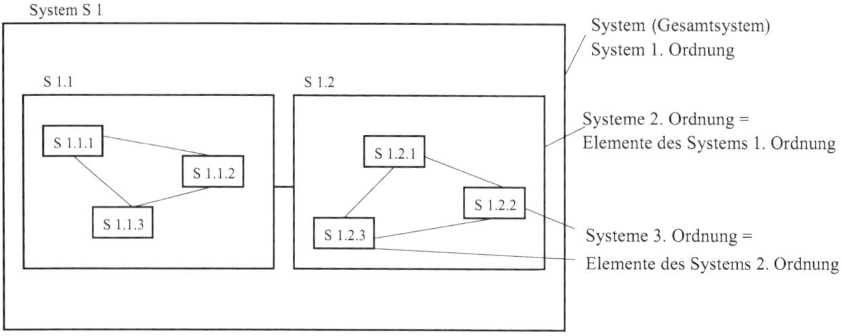

Abbildung 4: Hierarchische Systemstruktur

Die für den Untersuchungszweck kleinste, nicht weiter notwendig zerlegbare Einheit, auch als Teilsystem bezeichnet, wird als Element definiert.

Die Abbildung 5 enthält eine Auswahl möglicher Systemstrukturen, bestehend aus Elementen und ihren Relationen.

Bezeichnung	Strukturschema	Erläuterung
Kettenstruktur		Nur die benachbarten Elemente stehen miteinander in Relation
Busstruktur	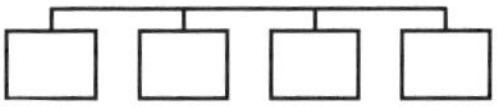	Jedes Element ist von jedem anderen Element aus nur über den Bus erreichbar
Vollständige Verbindungsstruktur	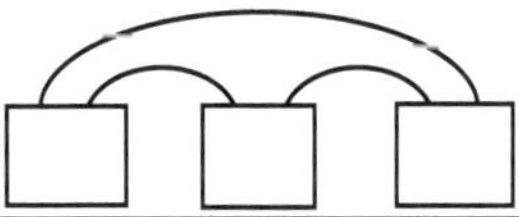	Jedes Element hat mit jedem anderen Element eine Relation
Radiale Ringstruktur	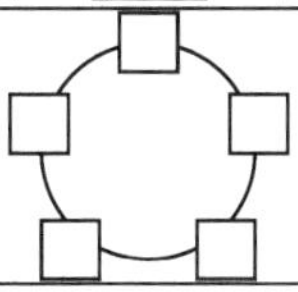	Die Relationen zwischen den Elementen spannen einen äußeren Ring
Monozentrale Struktur	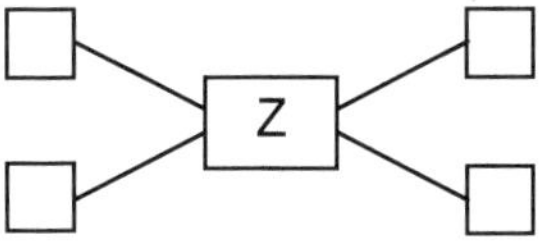	Jedes Element ist von jedem anderen Element aus nur über eine Zentrale erreichbar
Polyzentrale Struktur	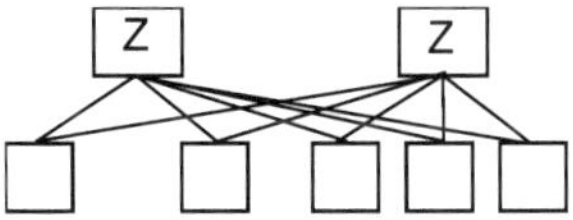	Alle Elemente stehen mit allen Zentralen in Relationen
Zentrale mit Ringstruktur	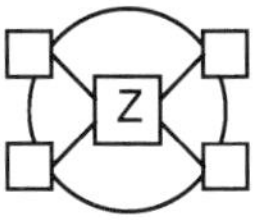	Zentrale und radiale Elemente stehen miteinander in vollständiger Relation
Hierarchische Struktur	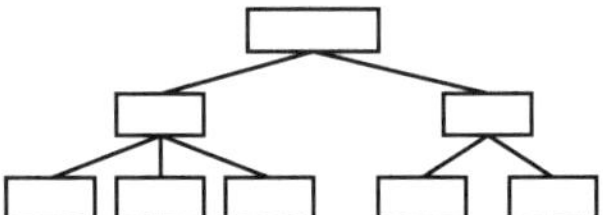	Die Elemente der niedrigeren Stufe stehen jeweils mit einem Element der nächst höheren Stufe in Relation

Abbildung 5: Auswahl möglicher Systemstrukturen (vgl. Krampe, Lucke, 2006)

Zwischen den Inputs und Outputs eines Systems bestehen Abhängigkeiten. Diese Feststellung gilt auch für real existierende Systeme, wie z.B. für biologische Systeme, technische Systeme oder ökonomische Systeme. Betrachten wir ein Unternehmen im Rahmen der industriellen Produktion, so können wir diese Abhängigkeiten ebenfalls feststellen. Beispielsweise kann die Frage gestellt werden: Wie verändern sich die Ausbringungsmengen (Outputs) eines Unternehmens (Systems), wenn die Einsatzfaktoren (Inputs) verändert, erhöht oder gesenkt werden? Diese Antwort kann jetzt noch nicht gegeben werden. Die Produktions- und Kostentheorie versucht diese Abhängigkeiten zu quantifizieren, um später in der Unternehmensführung entsprechende Entscheidungshilfen zu geben.

1.3 Begriff und Definition der Produktionsfunktion

Da sich jede industrielle Produktion auf der Grundlage von Fertigungstechnologien und den Eigenschaften der technischen (Produktions-) Systeme vollzieht, ist der Ausgangspunkt der produktionswirtschaftlichen Betrachtung die Frage, welche Beziehungen zwischen der Anzahl der hergestellten Produkte (Ausbringungsmengen) und den eingesetzten Mengen an Produktionsfaktoren (Faktoreinsatzmengen) bestehen und wie eine solche Abhängigkeit beschrieben werden kann? Die Produktionstheorie bedient sich dabei der Verwendung von Produktionsmodellen, die die Beziehungen zwischen den Faktoreinsatzmengen und den Ausbringungsmengen formuliert.
„Solche Produktionsfunktionen, deren Ableitung eine der Hauptaufgaben der Produktionstheorie ist, können nur insofern Gültigkeit für die Produktionsbereiche industrieller Unternehmen besitzen, als sie die dort ablaufenden realen Erzeugungsvorgänge auch tatsächlich in geeigneter formaler Weise abbilden. Eine Produktionsfunktion schlechthin mit dem Anspruch der Allgemeingültigkeit gibt es also nicht“ (vgl. Fandel, 1991, 12)
Trotzdem muss die Produktionstheorie den realen Erscheinungsformen der Produktion insofern Rechnung tragen, dass es die Leistungserstellung sowohl in der Einproduktherstellung als auch in der Mehrproduktherstellung modellmäßig erfasst. Daraus lassen sich folgende produktionstheoretische Modelle ableiten:

Anzahl der Fertigungsstufen / Anzahl der Produkte	eine Fertigungsstufe	mehrere Fertigungsstufen
ein Produkt	einstufige Einproduktmodelle	mehrstufige Einproduktmodelle
mehrere Produkte	einstufige Mehrproduktmodelle	mehrstufige Mehrproduktmodelle

Abbildung 6: Klassifikation produktionstheoretischer Modelle

> Eine Produktionsfunktion drückt den funktionellen Zusammenhang zwischen der Menge an Endprodukten und der Menge an Einsatzgütern, d.h., die prozessbezogene Abhängigkeit zwischen den Ausbringungsmengen m_i $(i = 1, 2, ..., m)$ und den eingesetzten Mengen an Produktionsfaktoren r_j $(j = 1, 2, ..., n)$ aus.

In der Regel wird ein mathematischer Zusammenhang formuliert, der jedoch nicht zwingend ist. Produktionsfunktionen können auch als Relationen formuliert werden. Dies tritt beispielsweise auf, wenn einem bestimmten Faktoreinsatz vorerst nur eine Ausbringungsmenge zugeordnet ist, die bei gleichem Faktoreinsatz je nach Kombination von Intensität und Einsatzzeit eines Aggregates oder je nach der Intensität der menschlichen Arbeit dann jedoch unterschiedliche Ausbringungsmengen entstehen lässt. Dieses Problem wird uns noch später bei der Behandlung der Verbrauchsfunktionen begegnen.
Grundsätzlich sind zwei Betrachtungsweisen der Abhängigkeiten zwischen den Ausbringungsmengen und den Faktoreinsatzmengen möglich.
Betrachtet man die **Faktoreinsatzmengen r_j als unabhängige Variable** und die Ausbringungsmengen m als abhängige Variable, so lautet der Zusammenhang:

$$(m_1, m_2, ..., m_m) = f(r_1, r_2, ..., r_n).$$

Damit wird die allgemeine Form der Produktionsfunktion bei einer Mehrproduktherstellung beschrieben. Als Spezialfall für die Einproduktherstellung kann formuliert werden:

$m = f(r_1)$	$\Rightarrow$	bei Einsatz nur eines Produktionsfaktors,
$m = f(r_1, r_2, ..., r_n)$	$\Rightarrow$	bei Einsatz von zwei oder mehreren Produktionsfaktoren.

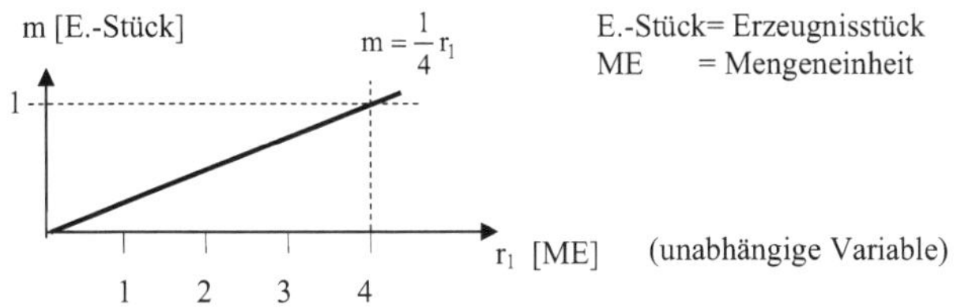

Abbildung 7: Produktionsfunktion $m = f(r_1)$

Betrachtet man die **Ausbringungsmenge m als unabhängige Variable**, dann ergibt sich der Verbrauch an Produktionsfaktoren als abhängige Variable. Der Zusammenhang kann dann wie folgt formuliert werden:
$(r_1, r_2, ..., r_n) = f(m_1, m_2, ..., m_m)$.

Als Spezialfall für eine Einproduktherstellung bei Einsatz eines oder mehrerer Produktionsfaktoren gilt:

$r_1 = f(m)$ $\Rightarrow$ ein Produktionsfaktor ist notwendig,
$(r_1, r_2, ..., r_n) = f(m)$ $\Rightarrow$ mehrere Produktionsfaktoren sind notwendig.

In den nachfolgenden produktionstheoretischen Darstellungen wird die erste Betrachtungsweise weiter verfolgt. Die zweite Betrachtungsweise ist in der betrieblichen Praxis ebenso bedeutsam, da in der Regel die Kundenauftragsmenge die Basis, und damit die unabhängige Variable, aller weiteren produktionsorganisatorischen Aktivitäten ist. Die Produktionstheorie hat bei der Beschreibung der Zusammenhänge zwischen Ausbringungsmengen und Faktoreinsatzmengen folgende grundlegende Aufgaben und Anforderungen zu erfüllen:

- Die Produktionstheorie muss bei der Formulierung von Produktionsfunktionen der Vielfalt von Produktionsprozessen Rechnung tragen und durch verschiedene Typen von Produktionsfunktionen die *Prozessvielfalt berücksichtigen.*
- Die *Mehrstufigkeit* von Produktions- und Leistungsprozessen, bei der je nach dem Fertigstellungsgrad der Zwischenprodukte eine unterschiedliche Kombination von Produktionsfaktoren notwendig wird, muss mit den produktionstheoretischen Ansätzen *beschreibbar* werden.
- Der Einsatz unterschiedlich qualifizierter Arbeitskräfte, technisch unterschiedlich weit entwickelte Maschinen und differenziert geeignete Rohstoffe, Materialien und Vorprodukte sollten als *Faktorarten* so zusammengefasst werden, dass diese Ressourcen untereinander *weitgehend homogen* sind.

1.4 Begriff und Definition der Kostenfunktion

Aus betriebswirtschaftlicher Sicht sind die Preise und der mengenmäßige Verbrauch der Produktionsfaktoren, der sich aus der zu produzierende Stückzahl gemäß Produktionsprogramm ergibt, die wesentlichen Bestimmungsfaktoren für die Höhe der Kosten im Unternehmen. **In der Kostentheorie werden die Faktoreinsatzmengen mit den entsprechenden Preisen bewertet.** „Das mit Hilfe der Produktionstheorie ermittelte Mengengerüst der Produktion wird von der Kostentheorie um ein Wertgerüst ergänzt" (vgl. Wöhe, 1996, 491).

> Die Kostenfunktion drückt den funktionellen Zusammenhang zwischen den Produktionskosten und der Ausbringungsmenge, d.h. die prozessbezogene Abhängigkeit zwischen den in Geldeinheiten bewerteten Verbrauch an Faktoreinsatzmengen K_j ($j = 1, 2, ..., n$) und der Menge an Endprodukten m_i ($i = 1, 2, ..., m$) aus.

Besondere Schwierigkeit bereitet der Übergang von der mengenmäßigen Darstellung des Faktorverbrauchs zur wertmäßigen Darstellung des Verbrauchs der Produktionsfaktoren. Ausgehend von der allgemeinen Darstellung der Produktionsfunktion als mengenmäßige Darstellung nach Abbildung 8 wird der schrittweise Übergang zur Kostenfunktion vollzogen.

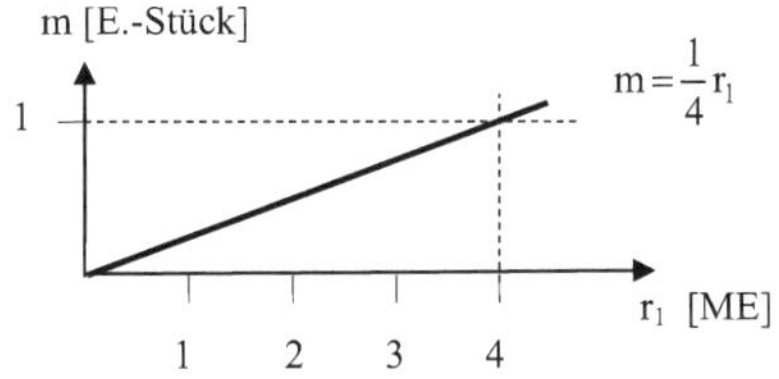

Abbildung 8: Produktionsfunktion $m = f(r_1)$

„Kosten stellen den mit Preisen bewerteten Verzehr von Produktionsfaktoren (einschließlich öffentlicher Abgaben) dar, der durch die Erstellung der betrieblichen Leistungen verursacht wird“ (vgl. Wöhe, 1996, 492).
Sollen nun die Kosten aus dem mengenmäßigen Verbrauch des Produktionsfaktors r_1 ermittelt werden, muss der Faktorverbrauch mit dem dazugehörigen Preis p_1 multipliziert werden.
Damit ergeben sich die Kosten K_1 (Kosten für den Verbrauch des Produktions- oder Einsatzfaktors r_1). $K_1 = p_1 \cdot r_1$ $\left[\frac{€}{ME}\right] \cdot [ME] = [€]$

Allgemein formuliert gilt: $K = p \cdot r$ $[€]$

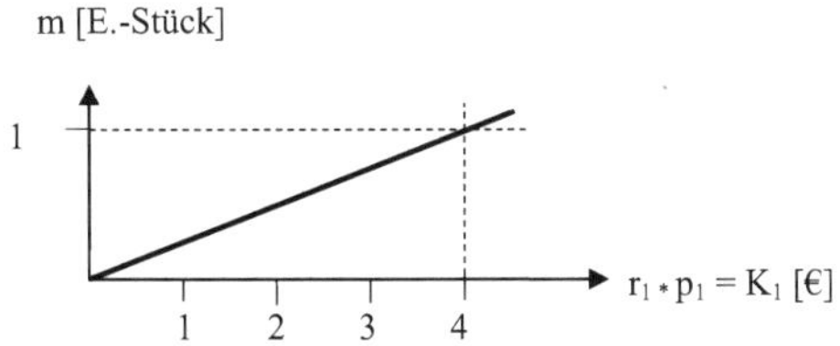

Abbildung 9: Ableitung der Kosten K_1 aus dem bewerteten Verbrauch von r_1

Über die Bewertung des Verbrauches an Produktionsfaktoren mit Hilfe der Preise lassen sich alle unterschiedlichen Produktionsfaktoren, wie z.B. der Verbrauch von unterschiedlichen Mengeneinheiten an Material, Stunden für den Arbeitskräfte- und Betriebsmitteleinsatz, usw. in der Wertgröße „€" vergleichbar machen.
Bei der genauen Betrachtung des Diagramms nach Abbildung 9 stellen jetzt die Kosten K_1 die unabhängige Variable dar und die Höhe der Ausbringungsmenge m würde jetzt von den Kosten abhängig sein. In der betrieblichen Praxis stellt sich das Problem aber anders dar.
Nicht die Kosten sind die Basis (unabhängige Variable) für die zu produzierende Ausbringungsmenge, sondern der Bedarf des Marktes bzw. die Kundenwünsche.

Das heißt, **die Ausbringungsmenge m muss die unabhängige Variable, die Basis, sein und davon abhängig werden sich die Kosten aus dem Verbrauch der erforderlichen Faktoreinsatzmengen ergeben.**

In der nachfolgenden Abbildung 10 ist der Übergang von der Produktions- zur Kostenfunktion, über den Zwischenschritt der Umkehrung der Produktionsfunktion, dargestellt. Die Umkehrfunktion ist noch nicht die Kostenfunktion, denn die Faktoreinsatzmenge (abhängige Variable) ist für den Übergang zur Kostenfunktion noch mit dem dazugehörigen Preis zu multiplizieren.

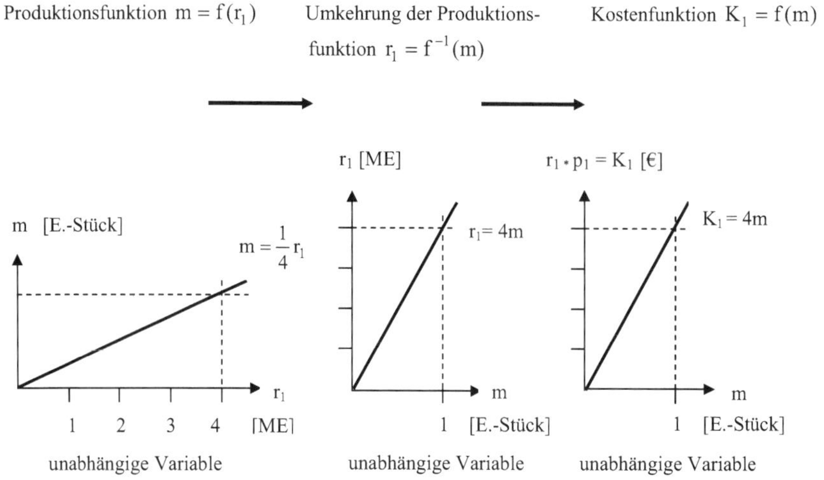

Abbildung 10: Gegenüberstellung der Produktionsfunktion und der Kostenfunktion auf der Basis der Variation eines Faktors (r_1)

Die in Abbildung 10 dargestellte Kostenfunktion drückt jetzt den funktionalen Zusammenhang zwischen den Kosten K_1 und der Ausbringungsmenge m aus.

Da in der Regel der Verbrauch von Produktionsfaktoren stückzahlabhängig ist, werden damit vorrangig **variable Kosten** erfasst. Allgemeingültig kann formuliert werden:

> Die Kosten K sind eine Funktion der Ausbringungsmenge m; K = f (m).
> Auf die variablen Kosten bezogen gilt:
> Die variablen Kosten K_v sind eine Funktion der Ausbringungsmenge m; $K_v = f(m)$.

1.5 Substitionalität und Limitionalität der Einsatzfaktoren

Die Variation der Ausbringungsmenge m in Abhängigkeit vom Bedarf des Marktes führt zwangsweise zur Variation des Faktoreinsatzes, wobei in der Regel keine lineare Abhängigkeit zwischen der **Veränderung der Ausbringungsmenge** und der **Veränderung der Faktoreinsatzmengen** besteht. Beim Verbrauch mehrerer Produktionsfaktoren besteht einerseits die Möglichkeit, einen oder mehrere Produktionsfaktoren durch einen anderen teilweise oder komplett zu ersetzen, zu substituieren, während andererseits diese Möglichkeit durch festgesetzte, limitierte, Verhältnisse zwischen den Produktionsfaktoren nicht gegeben ist. So sind beispielsweise in einem Fertigungsprozess menschliche Arbeitsleistungen durch maschinelle Arbeitsleistungen begrenzt austauschbar. Der Ausfall einer Maschine wäre durch Mehreinsatz von Arbeitskräften begrenzt substituierbar.

> Eine Faktorbeziehung wird als substitional bezeichnet, wenn es mehrere Faktoreinsatzkombinationen zur Erstellung einer bestimmten Ausbringungsmenge gibt. Die Einsatzfaktoren sind austauschbar, d.h. ein Mindereinsatz eines Faktors wird durch Mehreinsatz eines anderen Faktors ausgeglichen.

Dagegen kann der notwendige Rohstoff- und Materialeinsatz, z.B. bei Gießereiprozessen, nicht durch Arbeitsleistungen substituiert werden.

> Eine Faktorbeziehung wird als limitional bezeichnet, wenn es für jede Ausbringungsmenge nur jeweils eine Faktorkombination gibt. Die Einsatzfaktoren sind nicht austauschbar. Bei Verringerung der Einsatzmenge nur eines Faktors verringert sich bereits die Ausbringungsmenge.

In Abbildung 11 sind die wesentlichsten Charakterisierungsmerkmale der Faktorbeziehungen zusammengefasst.

Bei der weiteren Analyse des Einsatzes der Produktionsfaktoren geht es um die Frage, wie verändert sich die Ausbringungsmenge m, wenn die Einsatzmengen eines oder mehrerer Produktionsfaktoren proportional verändert werden? „Da die proportionale Veränderung aller Einsatzfaktoren zur Veränderung des Produktionsniveaus führt, spricht man in diesen Fällen von einer Niveauvariation" (vgl. Wöhe, 1993, 572).

Die unterschiedlichen Niveauvariationen werden mit dem Begriff der Homogenität erfasst und können mit dem jeweiligen Grad der Homogenität charakterisiert werden.

Die Homogenität drückt die Veränderung der Ausbringungsmenge in Abhängigkeit von der proportionalen Veränderung der Faktoreinsatzmengen aus.

Die Abbildung 12 enthält die Differenzierungen des Begriffes Homogenität.

Kontrollfragen / Übungsaufgaben

1. Definieren Sie die Begriffe Produktionsfunktion und Kostenfunktion.

2. Was verstehen Sie unter Substitionalität und Limitionalität von Einsatzfaktoren?

Arten der Faktorbeziehungen

substitionale Faktorbeziehungen	limitionale Faktorbeziehungen
• Die Einsatzfaktoren r_j stehen in keiner festen Relation zur Ausbringungsmenge m. • Substitionale Produktionsfaktoren können gegenseitig ausgetauscht werden, ohne dass sich die Ausbringungsmenge m ändert. • Bei konstanter Ausbringungsmenge m kann die Verringerung eines Produktionsfaktors durch Mehreinsatz eines anderen kompensiert werden. • Die Veränderung der Ausbringungsmenge m ist durch die Variation e i n e s Faktors bei Konstanz der anderen Faktoren möglich. • Man unterscheidet zwei Arten der Substitionalität: - alternative oder totale Substitution Beispiel: Bei bestimmten Verbrennungsmotoren ist Superbenzin durch Normalbenzin ersetzbar. - periphere- oder Randsubstitution (Faktoren sind nur innerhalb bestimmter Grenzen austauschbar) Beispiel: Teilweiser Ersatz von Naturkautschuk durch synthetischen Kautschuk	• Die Produktionsfaktoren stehen in einer technisch determinierten Relation zur geplanten Ausbringungsmenge m. • Zur Erzeugung einer Einheit der Ausbringungsmenge m sind exakt definierte Einsatzmengen an Produktionsfaktoren notwendig. Sie stehen in einem festen Verhältnis zueinander. • Eine größere als die festgelegte Einsatzmenge wird vom Produktionsprozess nicht aufgenommen. Wird eine Mengeneinheit eines Produktionsfaktors nicht bereitgestellt, sinkt die Ausbringungsmenge m. • Man unterscheidet zwei Arten der Limitionalität: - lineare Limitionalität (alle Faktoren bleiben in einem konstanten Verhältnis) Beispiel: Zur Herstellung einer Waschmaschine benötigt man 1 Motor, 1 Wasserpumpe, 1 Trommel, ...). - nichtlineare Limitionalität (bei Variation der Ausbringungsmenge m ändert sich mindestens ein Produktionsfaktor, ohne dass er völlig wegfällt.) Beispiel: Bei Herstellung von Möbeln können bisherige Handarbeitszeiten durch geringere Maschinen arbeitszeiten (höhere Produktivität) ersetzt werden, während alle anderen Produktionsfaktoren konstant bleiben.

Abbildung 11: Arten der Faktorbeziehungen

linear-homogene Produktionsfunktion	Bei proportionaler Erhöhung der Einsatzmengen aller Produktionsfaktoren steigt die Ausbringungsmenge m ebenfalls proportional an. Beispiel: Die Verdoppelung aller Faktoreinsatzmengen führt zur Verdoppelung der Ausbringungsmenge m. (homogen vom Grade 1)
überlinear-homogene Produktionsfunktion	Bei proportionaler Erhöhung der Einsatzmengen aller Produktionsfaktoren steigt die Ausbringungsmenge m überproportional (progressiv) an. Beispiel: Die Verdoppelung aller Faktoreinsatzmengen führt zur Vervielfachung der Ausbringungsmenge m. (homogen vom Grade > 1)
unterlinear-homogene Produktionsfunktion	Bei proportionaler Erhöhung der Einsatzmengen aller Produktionsfaktoren steigt die Ausbringungsmenge m unterproportional (degressiv) an. Beispiel: Die Verdreifachung aller Faktoreinsatzmengen führt nur zur Verdoppelung der Ausbringungsmenge m. (homogen vom Grade < 1)
inhomogene Produktionsfunktion	Bei proportionaler Erhöhung der Einsatzmengen aller Produktionsfaktoren steigt die Ausbringungsmenge m diskontinuierlich an. (heterogenes Verhalten)

Abbildung 12: Differenzierung der Homogenität von Produktionsfunktionen

2 Produktionsfunktion Typ A - Ertragsgesetz -

2.1 Das Ertragsgesetz bei Variation eines Produktionsfaktors

Die älteste bekannte Form der Produktionsfunktion ist die von A.R.J. TURGOT (1727-1781) für die landwirtschaftliche Produktion entwickelte und von H.v.THÜNEN (1783-1850) statistisch nachgewiesene **ertragsgesetzliche Produktionsfunktion**. Für die landwirtschaftliche Produktion wird ausgesagt, dass sich bei zunehmendem Einsatz des Produktionsfaktors Arbeit und konstant gehaltenen Einsatzmengen der Produktionsfaktoren Boden, Saatgut und Dünger zunächst ein steigender und später fallender Ertragszuwachs einstellt. Da dabei die Abhängigkeit der Ausbringungsmenge von der Einsatzmenge eines Produktionsfaktors bei Konstanz der übrigen Produktionsfaktoren untersucht wird, handelt es sich um eine partielle Faktorvariation. Der steigende oder fallende Ertragszuwachs wird als Grenzertrag bezeichnet. Die nähere Behandlung erfolgt im Gliederungspunkt 2.1.2. Für die Ausbringungsmenge m gilt:

$$m = f(r_1, r_2, r_3, ..., r_{n-1}, r_n)$$

Werden $r_1, r_2, r_3, ..., r_{n-1}$ zusammengefasst als Konstante r_c und der Faktor r_n als variabler Faktor r_v betrachtet, gilt:

$$m = f(r_c, r_v)$$

Daraus ergibt sich, dass die Änderung der Ausbringungsmenge m nur von der Variation des Faktors r_v beeinflusst wird. Vereinfacht gilt dann:

$$m = f(r_v) .$$

2.1.1 Gesamtertrag

Das Ertragsgesetz der landwirtschaftlichen Produktion wurde als Produktionsfunktion vom Typ A in die Betriebswirtschaftslehre übernommen. Durch empirische Forschungsarbeiten wurde belegt, dass die Produktionsfunktion vom Typ A zwar punktuell, aber nicht generell für die industrielle Produktion anwendbar ist. Industrielle Prozesse sind in der Regel durch den Einsatz mehrerer Einsatzfaktoren gekennzeichnet. Durch weiterentwickelte Produktionsfunktionen (Typ B, Typ C, ...) werden diese Prozesse exakter abgebildet. Die mit dem Ertragsgesetz eingeführten Begriffe **„Ertrag"** oder **„Gesamtertrag"** umschreiben den bisher verwendeten Begriff der **Ausbringungsmenge m**.

Die Ausbringungsmenge m und die variablen Einsatzfaktoren erhalten vorerst jeweils die Maßeinheit Mengeneinheiten [ME].

Für die Theorie der Produktionsfunktion Typ A gelten folgende Randbedingungen:

- es liegen periphere substitionale Faktoreinsatzbeziehungen vor,
- die Einsatzmengen sind beliebig teilbar,
- es wird nur ein Produkt hergestellt,

- die Produktionstechnik bleibt unverändert,
- es existiert ein unmittelbarer Zusammenhang zwischen Ausbringungsmenge (Output) und Faktoreinsatzmenge (Input).

Ausgehend von der Formel: $m = f(r_c, r_v)$ kann die Ertragsfunktion als Ertragsgebirge wie folgt dargestellt werden:

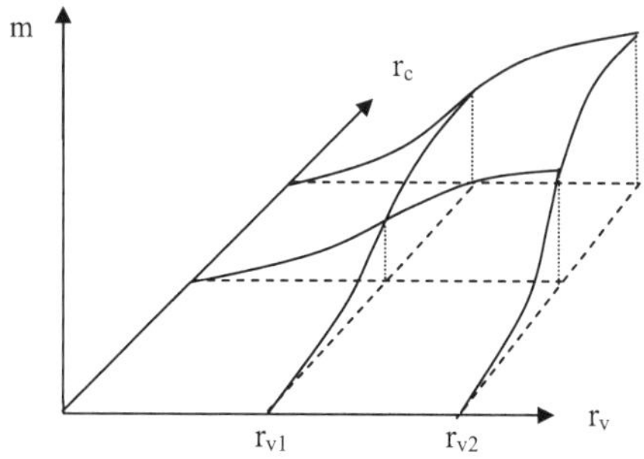

Abbildung 13: Dreidimensionale Darstellung der Gesamtertragsfunktion aus einem Schnitt im Ertragsgebirge

In Anlehnung an die Formel: $m = f(r_v)$ hat die Gesamtertragsfunktion bei Variation des variablen Produktionsfaktor r_1 den in Abbildung 14 dargestellten Verlauf.
Bis zum Punkt W (Wendepunkt) nimmt der Gesamtertrag durch steigende Grenzerträge progressiv zu. Zwischen dem Wendepunkt W und dem Maximalpunkt M der Gesamtertragskurve verläuft die Gesamtertragskurve durch sinkende Grenzerträge degressiv. Nach dem Maximum des Gesamtertrages fällt die Gesamtertragskurve. Dieser Bereich ist aus betriebswirtschaftlicher Sicht uninteressant, da eine weitere Steigerung des Produktionsfaktors r_v zu einem immer weiter fallenden Ertrag (Ausbringungsmenge m) führt.

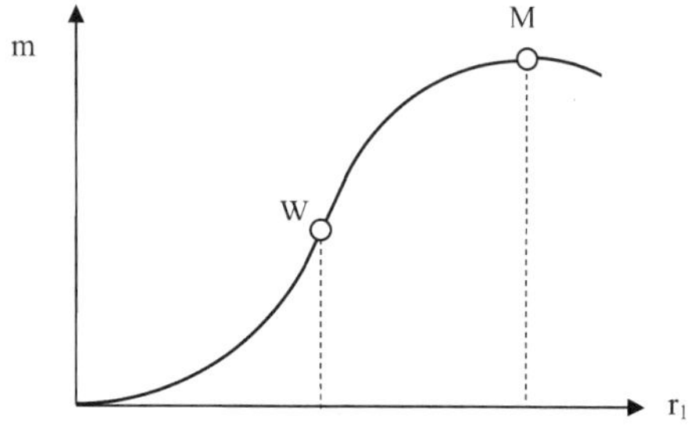

Abbildung 14: Gesamtertragsverlauf einer ertragsgesetzlichen Produktionsfunktion $m = f(r_1)$

Damit lässt sich das Ertragsgesetz wie folgt formulieren:

„Werden steigende Einsatzmengen eines variablen Faktors mit konstanten Einsatzmengen anderer Produktionsfaktoren kombiniert, so steigt der Gesamtertrag zunächst progressiv; die Grenzerträge nehmen zu. Vom Wendepunkt der Gesamtertragsfunktion an nimmt der Grenzertrag wieder ab und die Gesamtertragsfunktion steigt degressiv. Schließlich erreicht die Gesamtertragsfunktion ihr Maximum" (Wöhe, 1996, 513).

Mit dem zunehmenden Einsatz des variablen Faktors r_v (hier im Beispiel r_1) wird das Wirkungsverhältnis vom variablem Faktor r_v zu den konstanten Faktoren r_c bis zum Wendepunkt immer günstiger (progressiver Verlauf der Gesamtertragskurve).
Nach dem Wendepunkt überwiegen zunehmend die unter r_c zusammengefassten konstanten Faktoren, sodass der Gesamtertrag nur degressiv bis zu seinem Maximum steigt.

2.1.2 Grenzertrag und Durchschnittsertrag

Zum Grenzertrag:

Der Grenzertrag, bezeichnet mit „g", ist der Ertragszuwachs (Zuwachs an Ausbringungsmenge m), der durch den Einsatz der jeweils letzten Einheit des variablen Produktionsfaktors (r_1) erzielt wird.

Der Grenzertrag kennzeichnet den jeweiligen Anstieg an einem gewählten Punkt der Gesamtertragskurve.

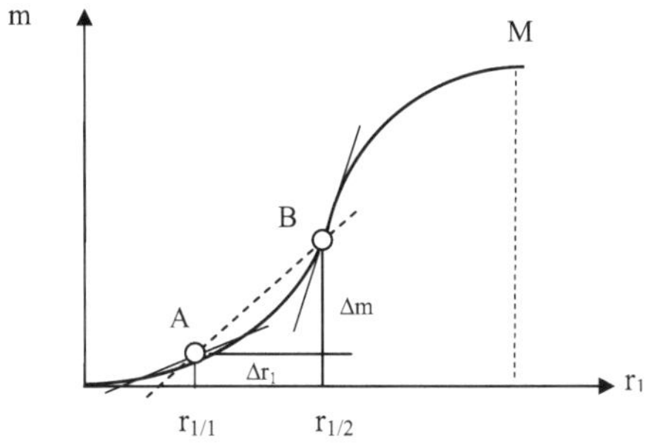

Abbildung 15: Darstellung der Steigungen der Gesamtertragskurve in den Punkten A und B

Das Durchschnittsmaß der Steigung der Gesamtertragskurve zwischen den Punkten A und B ergibt sich aus: $\frac{\Delta m}{\Delta r_1} = \tan \alpha$.

Lassen wir Δr_1 gegen Null gehen, so wird aus dem Differenzenquotient $\frac{\Delta m}{\Delta r_1}$ der Differentialquotient $\frac{dm}{dr_1}$. Aus der Grenzwertbetrachtung im Punkt A (Abbildung 16) ergibt sich: $\Delta r_1 \xrightarrow{\lim} 0 \Rightarrow \frac{\Delta m}{\Delta r_1} \Rightarrow \frac{dm}{dr_1} = \tan\alpha$.

Der Quotient $\frac{dm}{dr_1}$ ist Ausdruck des Verhältnisses zwischen dem Ertragszuwachs und dem Zuwachs der Einsatzmenge des variablen Faktors r_1. Der Quotient wird als Grenzproduktivität im Punkt A bezeichnet.

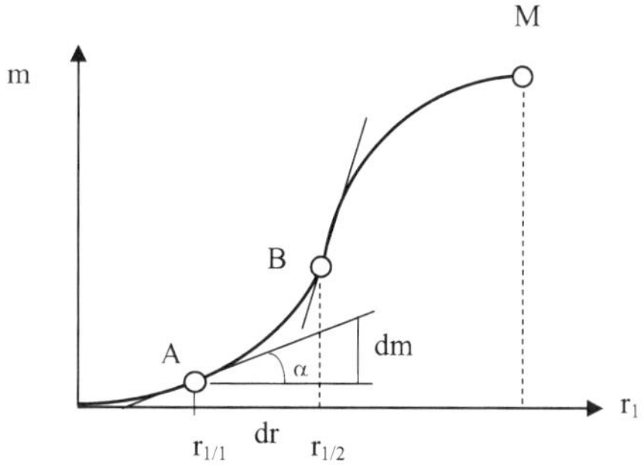

Abbildung 16: Darstellung des Differentialquotienten im Punkt A

Erhöht man die Einsatzmenge des variablen Faktors r_1 um einen unendlich kleinen Betrag, so erhöht sich der Grenzertrag des variablen Faktors r_1:

$$\frac{dm}{dr_1} \cdot dr_1 = dm = m' = g \Rightarrow \text{Grenzertrag.}$$

Bildet man die 1. Ableitung der Gesamtertragskurve, so ergibt sich die in Abbildung 17 dargestellte **Grenzertragskurve**.

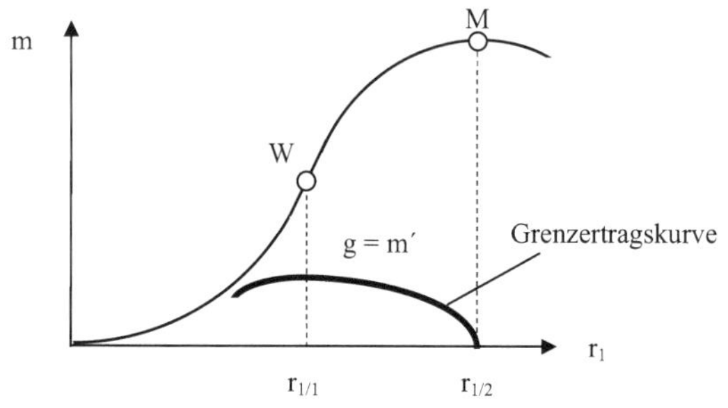

Abbildung 17: Darstellung der Gesamt- und Grenzertragskurve

Zum Durchschnittsertrag:

> Der Durchschnittsertrag des variablen Faktors (r_1), bezeichnet mit „e“, wird bestimmt, indem der Gesamtertrag m durch die Einsatzmenge des variablen Faktors dividiert wird. Er gibt an, inwieweit der variable Faktor r_1 im Vergleich zu den konstanten Faktoren, zusammengefasst unter r_c, zur Ertragssteigerung beiträgt.

Solange der Durchschnittsertrag noch steigt, leistet der variable Faktor r_1 einen höheren Beitrag zum Ertragszuwachs als r_c.

Allgemein gilt: $e = \frac{m}{r_v}$, bezogen auf den Einsatz von r_1: $e = \frac{m}{r_1}$.

Eine weitere wichtige Aussage ergibt der Kehrwert des Durchschnittsertrages e. Den Kehrwert des Durchschnittsertrages bezeichnet man als **Produktionskoeffizienten a** des variablen Faktors r_v. Er gibt die Anzahl der im Produktionsprozess durchschnittlich notwendigen Faktoreinsatzmengen des jeweiligen Produktionsfaktors zur Produktion einer Einheit der Ausbringungsmenge m an.

Allgemein gilt: $a = \frac{r_v}{m}$, bezogen auf den Anteil von r_1: $a = \frac{r_1}{m}$.

In Abbildung 18 ist die Durchschnittsertragskurve eingezeichnet. Ihr Maximum liegt im Schnittpunkt mit der gestrichelt eingezeichneten Grenzertragskurve „g“.

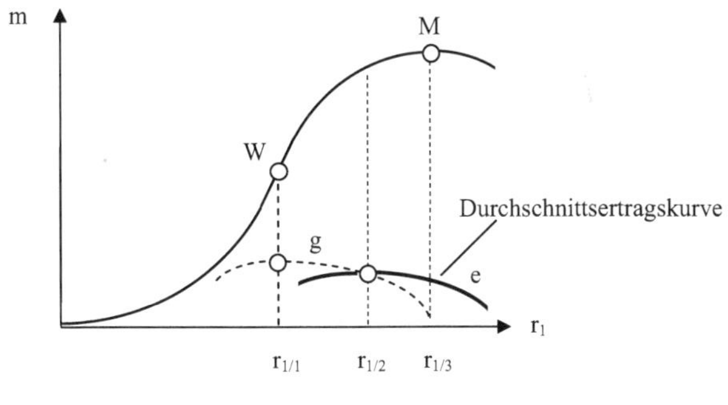

Abbildung 18: Darstellung der Gesamtertrags- und Durchschnittsertragskurve

2.1.3 Optimalpunkte des Ertragsgesetzes

Wird die Einsatzmenge des variablen Faktors r_1 über das Maximum des Durchschnittsertrages hinaus gesteigert, so sinkt der Grenzertrag unter den Durchschnittsertrag (vgl. Abbildung 19). Der jeweilige Grenzertrag, multipliziert mit der Einsatzmenge des variablen Faktors r_1, ergibt den Teil der Ausbringungsmenge m, der auf den variablen Faktor r_1 fällt. Die Differenz zwischen Grenzertrag und Durchschnittsertrag (Strecke A-B), multipliziert mit der Einsatzmenge des variablen Faktors r_1, stellt den Anteil der Ausbringungsmenge m dar, der dem konstanten Faktor r_c zuzurechnen ist. Der Anteil wird umso größer, je mehr die Ergiebigkeit des variablen Faktors r_1 abnimmt, z.B. bei noch weiterer Steigerung des variablen Einsatzfaktors r_1. Die Differenz zwischen Grenzertrag und Durchschnittsertrag wird größer (Strecke F-G).
Der Schnittpunkt M markiert die Einsatzmenge des variablen Faktors r_1, bei der sich das absolut günstigste Wirkungsverhältnis des variablen Faktors r_1 mit den konstanten Faktoren, zusammengefasst unter r_c, ergibt.

Er wird als **absoluter Optimalpunkt** des Ertragsgesetzes bezeichnet (vgl. Wöhe, 1990, 573).

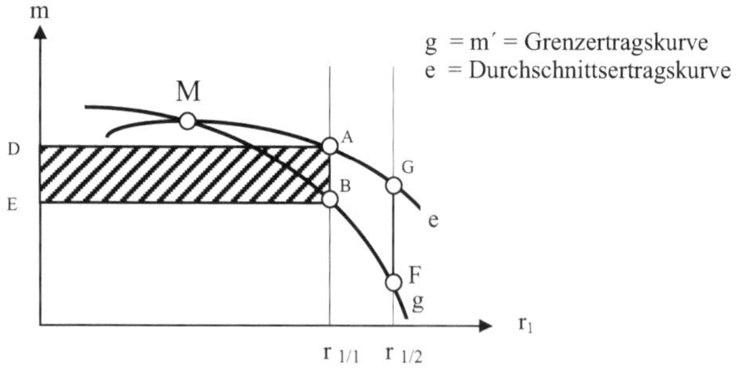

Abbildung 19: Darstellung der Grenzertrags- und Durchschnittsertragskurve zur Kennzeichnung des absoluten Optimalpunktes (mengenbezogene Darstellung)

In der Praxis vollzieht sich aber der Faktoreinsatz nicht in der Weise, dass er einen größten mengenmäßigen Durchschnittsertrag erbringt. Es wird angestrebt, ein Optimum aus dem bewerteten Faktorverbrauch (Kosten) und der am Markt bewerteten Ausbringungsmenge (Erlös) zu finden. Das Optimum liegt dort, wo die Kosten der letzten eingesetzten Einheit des variablen Faktors gerade durch den Wert des Grenzertrages (Grenzerlös) gedeckt werden. Damit ist aus der Sicht der *wertmäßigen Betrachtung eine optimale Kombination aus dem variablen und dem konstanten Faktor* erreicht. Dieser Punkt wird als **relativer Optimalpunkt** des Ertragsgesetzes bezeichnet (vgl. Wöhe, 1990, 574).

Graphisch ergibt sich der relative Optimalpunkt R im Schnittpunkt der Grenzertragskurve g und der Durchschnittskostenkurve k_v. Würde der variable Faktor r_1 beispielsweise der Faktor Arbeit sein, so kann seine Bewertung durch den Lohn für eine Arbeitseinheit ausgedrückt werden. Da der Lohn für jede Arbeitseinheit gleich ist, stellt sich die Durchschnittskostenkurve k_v in Abbildung 20 als Gerade dar.

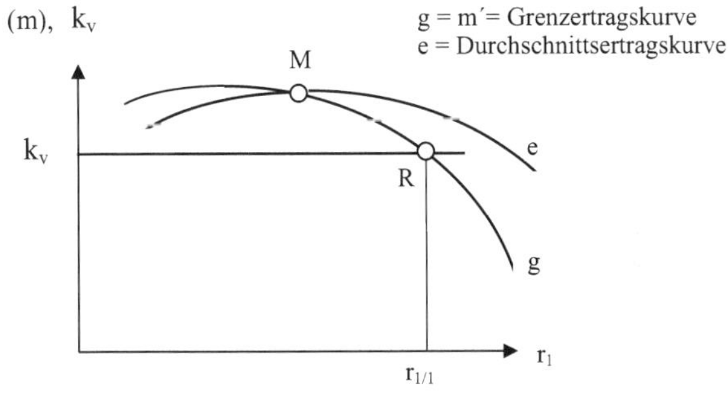

Abbildung 20: Beispielhafte Darstellung der Durchschnittskostenkurve k_v als Gerade zur Kennzeichnung des relativen Optimalpunktes R (wertbezogene Darstellung)

2.1.4 Beziehungen zwischen den Ertragskurven

Die Beziehungen zwischen Gesamtertrag (Gesamt-Ausbringungsmenge), Grenzertrag und Durchschnittsertrag lassen sich durch die entsprechenden Ertragskurven in Abhängigkeit vom ansteigenden variablen Faktor r_1 durch das nach Erich Gutenberg[1] benannte „**Gutenberg´sche Vier-Phasen-Schema**" darstellen.
In Abbildung 21 ist zu erkennen, dass die Endpunkte der einzelnen Phasen durch markante Punkte der Gesamtertrags-, Grenzertrags- und Durchschnittsertragskurve bestimmt sind.

Die **Phase I** endet im Wendepunkt der Gesamtertragskurve bzw. im Maximum der Grenzertragskurve. Charakteristisch für die Phase I ist der überproportionale Anstieg der Gesamtertragskurve bei gleichmäßigem Zuwachs des variablen Faktors r_1. Dieses Verhalten wird durch den Anstieg der Grenzertragskurve bis zum Maximum dokumentiert. Die Durchschnittsertragskurve steigt ebenfalls.

[1] **Erich Gutenberg**, 1897 - 1984, Professor für Betriebswirtschaftslehre an der Johann Wolfgang Goethe-Universität Frankfurt/Main. Aus der vorwiegenden Nichteignung des Ertragsgesetzes für industrielle Prozesse entwickelte E. Gutenberg die Produktionsfunktion vom Typ B. Den Kern seiner Untersuchungen stellt die Analyse von mittelbaren Input-Output-Beziehungen dar, die durch Verbrauchsfunktionen abgebildet werden.

m = Gesamtertragskurve; g = m′= Grenzertragskurve; e = Durchschnittsertragskurve

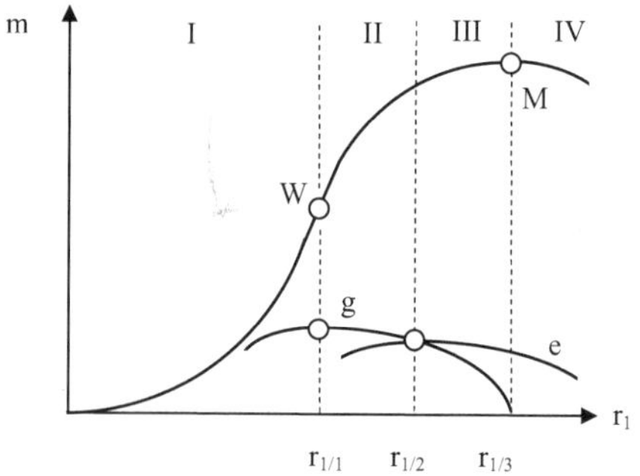

Abbildung 21: Gutenberg′sches Vier-Phasen-Schema

Die **Phase II** endet im Maximum der Durchschnittsertragskurve. Charakteristisch ist der weitere Anstieg der Gesamtertragskurve bei zurückgehenden Zuwachsraten. Dieses Verhalten wird durch das Fallen der Grenzertragskurve dokumentiert. Gleichzeitig steigt die Durchschnittsertragskurve bis zu ihrem Maximum.

Die Phase III endet im Maximum der Gesamtertragskurve. Charakteristisch ist der weitere Anstieg des Gesamtertrages bis zum Maximum bei immer stärker zurückgehenden Zuwachsraten. Dieses Verhalten wird durch das Fallen des Grenzertrages bis zum Wert Null dokumentiert. Der Durchschnittsertrag fällt ebenfalls. Der Grenzertrag liegt generell unter dem Durchschnittsertrag.

Die **Phase IV** ist durch das Fallen des Gesamtertrages und des Durchschnittsertrages gekennzeichnet. Der Grenzertrag fällt in den negativen Bereich. Durch die weitere Erhöhung der Einsatzmengen des variablen Faktors r_1 ist keine Erhöhung der Ausbringungsmenge mehr möglich. Dieser Bereich ist betriebswirtschaftlich uninteressant, weil mit dem Erhöhen des variablen Faktors bei gleichzeitigem Rückgang des Gesamtertrages ein Vergeuden von Ressourcen einhergeht. Die charakteristischen Eigenschaften sind in der nachfolgenden Abbildung 22 zusammengefasst.

Phase	Gesamtertrag (Ausbringungsmenge m)	Durchschnitts-ertrag e	Grenzertrag g = m′	Endpunkte
I	positiv steigend	positiv steigend	positiv steigend bis Max.	Wendepunkt m′= max.
II	positiv steigend	positiv steigend bis Max.	positiv fallend g = m′> e	e = max. e = g = m′
III	positiv steigend bis Max.	positiv fallend	positiv fallend bis Null g = m′< e	m = max. g = m′ = 0
IV	positiv fallend	positiv fallend	negativ fallend	

Abbildung 22: Zusammenfassung der charakteristischen Eigenschaften der Ertragskurven

2.1.5 Berechnungsbeispiel

Das nachfolgende Beispiel behandelt die Berechnung markanter Punkte der Ertragsfunktion nach dem Gutenberg´schen Vier-Phasen Schema (vgl. Abbildung 21). Bei der Beurteilung einer Ertragsfunktion sind z.B. bedeutsam, bis zu welchem Wert von r_1 ist ein überproportionales Wachstum des Gesamtertrages zu verzeichnen (Ende der Phase I), bei welchem Wert von r_1 liegt das Maximum des Durchschnittsertrages (Ende der Phase II), wie hoch sind die dazugehörigen Gesamterträge (Ausbringungsmenge m), usw. ? Der S-förmige Verlauf der Gesamtertragsfunktion kann mit einer Funktion 3. Grades beschrieben werden.

Aufgabenstellung:
Gegeben: Prod.-Funktion Typ A, Ertragsfunktion: $m = f(r_1)$;

$$m = 6r_1 + 6r_1^2 - r_1^3 \text{ [ME]}$$

Gesucht: Die Intervalle der Einsatzmengen des Produktionsfaktors r_1, denen jeweils eine Phase des Gutenberg´schen Vier-Phasen-Schemas zugeordnet werden kann sowie die dazugehörigen Beträge der Ausbringungsmengen m.

Lösungsweg:

Phase I:
Die Phase I endet im Wendepunkt der Gesamtertragskurve bzw. im Maximum der Grenzertragskurve. Die erste Ableitung der Gesamtertragskurve ergibt die Gleichung für die Grenzertragskurve.
Wird nun die erste Ableitung der Grenzertragskurve g gleich Null gesetzt, erhält man ihre Extremwerte (Maximum oder Minimum). Mit der zweiten Ableitung der Grenzertragskurve g erhält man die Aussage zum Maximal- oder Minimalwert.
Die Gesamtertragskurve kann auch wie folgt geschrieben werden:

$$m = 6r_1 + 6r_1^2 - r_1^3 \quad \Rightarrow \quad m = -r_1^3 + 6r_1^2 + 6r_1$$

- Bildung der ersten Ableitung der Gesamtertragskurve:
  (entspricht der Grenzertragskurve g)

$$\frac{dm}{dr_1} = m' = g = -3r_1^2 + 12r_1 + 6$$

- Bildung der zweiten Ableitung der Gesamtertragskurve:
  (entspricht der ersten Ableitung der Grenzertragskurve)

$$\frac{d^2m}{dr_1^2} = m'' = g' = -6r_1 + 12$$

Das Ende der Phase I endet mit dem Wert r_1, bei dem das Maximum des Grenzertrages g liegt. Dazu wird die erste Ableitung der Grenzertragskurve g´ gleich Null gesetzt.

$$g' = -6r_1 + 12 = 0$$

$$-6r_1 = -12$$

$$r_1 = \underline{\underline{2}} \text{ [ME]}$$

Damit umfasst die Phase I der Ertragsfunktion das r_1-Intervall: $\mathbf{0 \leq r_1 \leq 2}$.
Die Höhe des Gesamtertrages (Ausbringungsmenge m) an der Stelle $r_1 = 2$ ergibt sich durch Einsetzen von $r_1 = 2$ in die Ertragsfunktion.

$$m = -r_1^3 + 6r_1^2 + 6r_1; \qquad m = -8 + 24 + 12 = \underline{\underline{28}} \text{ [ME]}$$

Phase II:
Die Phase II endet im Maximum des Durchschnittsertrages. Charakteristisch für die Phase II ist das noch weitere Steigen des Gesamtertrages bei fallenden Grenzerträgen.

Der Durchschnittsertrag e errechnet sich: $e = \frac{m}{r_1}$. Daraus folgt:

$$e = \frac{-r_1^3 + 6r_1^2 + 6r_1}{r_1} \quad \Rightarrow \quad e = -r_1^2 + 6r_1 + 6.$$

Die Bestimmung des Maximums der Durchschnittsertragskurve ergibt sich durch die erste Ableitung der Durchschnittsertragskurve.

$$e = -r_1^2 + 6r_1 + 6; \quad \frac{de}{dr_1} = e' = -2r_1 + 6$$

Die erste Ableitung der Durchschnittsertragskurve wird Null gesetzt.

$$e' = 0 \quad \Rightarrow \quad -2r_1 + 6 = 0$$
$$-2r_1 = -6$$
$$r_1 = \underline{\underline{3}} \text{ [ME]}$$

Damit umfasst die Phase II der Ertragsfunktion das r_1-Intervall: $\mathbf{2 < r_1 \leq 3}$.

Die Höhe des Gesamtertrages (Ausbringungsmenge m) an der Stelle $r_1 = 3$ ergibt sich durch Einsetzen von $r_1 = 3$ in die Ertragsfunktion.

$$m = -r_1^3 + 6r_1^2 + 6r_1; \qquad m = -27 + 54 + 18 = \underline{\underline{45}} \text{ [ME]}$$

Phase III:
Die Phase III endet im Maximum der Gesamtertragskurve. Charakteristisch für die Phase III ist das noch weitere, aber geringere, Ansteigen des Gesamtertrages bei weiter fallenden Grenzerträgen. Der Grenzertrag geht gegen Null.
Die Bestimmung des Maximums der Gesamtertragskurve ergibt sich aus der ersten Ableitung der Ertragsfunktion (Gesamtertragskurve).

$$m = -r_1^3 + 6r_1^2 + 6r_1$$

$$\frac{dm}{dr_1} = m' = g = -3r_1^2 + 12r_1 + 6$$

Die erste Ableitung der Ertragsfunktion wird Null gesetzt.

$$m' = 0 \quad \Rightarrow \quad -3r_1^2 + 12r_1 + 6 = 0$$

Der allgemeine Lösungsansatz für eine quadratische Gleichung lautet:

$$x_1/x_2 = -\frac{p}{2} \pm \sqrt{\left(\frac{p}{2}\right)^2 - q}$$

Die Anwendung dieses Lösungsansatzes erfordert, dass die Normalform der quadratischen Gleichung hergestellt wird. Die Normalform ist dann gegeben, wenn das quadratische Glied den Faktor +1 aufweist. Das quadratische Glied der Gleichung hat den Faktor -3, sodass erst eine Umformung erfolgen muss. Dazu wird die Gleichung durch -3 dividiert.

$$-3r_1^2 + 12r_1 + 6 = 0 \qquad |: -3$$

$$r_1^2 - 4r_1 - 2 = 0$$

Unter Verwendung des allgemeinen Lösungsansatzes der quadratischen Gleichung ergeben sich zwei Lösungen:

$$r_{1_1}/r_{1_2} = -\frac{p}{2} \pm \sqrt{\left(\frac{p}{2}\right)^2 - q}$$

$$r_{1/_1} = -\frac{p}{2} + \sqrt{\left(\frac{p}{2}\right)^2 - q} \quad = -\frac{-4}{2} + \sqrt{\left(\frac{-4}{2}\right)^2 + 2} \quad = 2 + \sqrt{6} = \underline{\underline{4{,}45}} \ [ME]$$

$$r_{1/_2} = -\frac{p}{2} - \sqrt{\left(\frac{p}{2}\right)^2 - q} \quad = -\frac{-4}{2} - \sqrt{\left(\frac{-4}{2}\right)^2 + 2} \quad = 2 - \sqrt{6} = \underline{\underline{-0{,}45}} \ [ME]$$

Der negative Wert hat für unsere Betrachtungen keine Bedeutung, da wir uns generell im positiven Bereich bewegen (vgl. Abbildung 21)
Damit umfasst die Phase III der Ertragsfunktion das r_1-Intervall: **$3 < r_1 \leq 4{,}45$**.

Die Höhe des Gesamtertrages (Ausbringungsmenge m) an der Stelle $r_1 = 4{,}45$ ergibt sich durch Einsetzen von $r_1 = 4{,}45$ in die Ertragsfunktion.

$$m = -r_1^3 + 6r_1^2 + 6r_1;$$

$$m = -88{,}12 + 118{,}82 + 26{,}7 \quad = \quad \underline{\underline{57{,}4}} \ [ME]$$

2.1.6 Ableitung der dazugehörigen Kostenfunktion

Für die Ableitung der zur Ertragsfunktion (Produktionsfunktion Typ A) gehörenden Kostenfunktion bildet der in Abschnitt 1.4 dargestellte allgemeingültige Übergang von der Produktionsfunktion zur Kostenfunktion die Grundlage (vgl. Abbildung 10). In den nachfolgenden Schritten wird der Übergang zur Kostenfunktion dargestellt. Die entsprechenden Kurvenverläufe sind in Abbildung 23 zusammengefasst.
Den Ausgangspunkt bildet der S-förmige Verlauf der Ertragsfunktion. Der Gesamtertrag ist abhängig von der Variation des einen variablen Faktors r_v bei Konstanz aller anderen Faktoren, zusammengefasst als Faktor r_c.

$$m = f(r_V, r_C) \quad \Rightarrow \quad r_c = \text{konst.}, \quad \Rightarrow \quad m = f(r_V).$$

Für die künftige Darstellung der Abhängigkeit der Kosten von der Höhe der Ausbringungsmenge ist als weiterer Schritt die Umkehrung der Produktionsfunktion notwendig (vgl. Abschnitt 1.4). Daraus folgt die Darstellung: $r_V = f^{-1}(m)$
Die Umkehrfunktion wird auch als **Faktoreinsatzfunktion** bezeichnet. Multipliziert man die Faktoreinsatzmenge r_v mit dem dazugehörigen Preis p_v, so erhält man die **Kostenfunktion** des variablen Faktors (variable Kosten). Daraus folgt:

$$K_{v(m)} = f^{-1}(m) \cdot p_v .$$

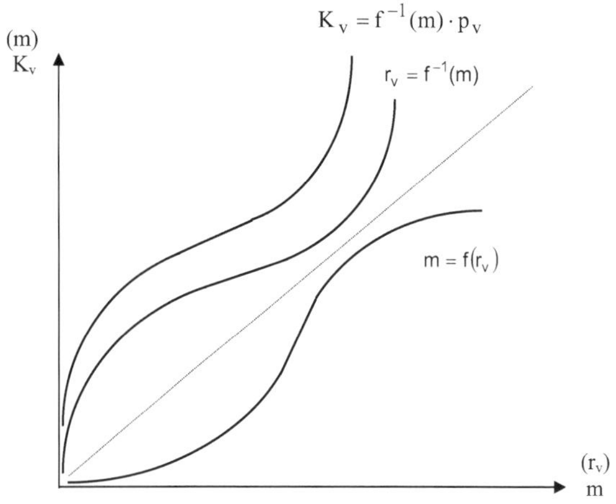

Abbildung 23: Darstellung der Kurvenverläufe des Ertragsgesetzes und der dazugehörigen variablen Kostenfunktion

Die Abbildung 23 enthält zwei übereinandergelegte Diagramme. Für die Produktionsfunktion Typ A - Ertragsgesetz - und ihre Umkehrfunktion gelten die Achsenbezeichnungen (m) - (r_v). Für die dazugehörige Kostenfunktion der variablen Kosten gelten die Achsenbezeichnungen K_v - m. Daraus wird sichtbar, dass die Umkehrfunktion die um die 45-Grad-Linie gespiegelte Ertragsfunktion ist. Damit ist für das Ertragsgesetz die Analogie hergestellt, die sich aus dem Übergang von der Produktions- zur Kostenfunktion ergibt (vgl. Abbildung 10).

2.1.7 Gesamtkosten, Grenzkosten und Durchschnittskosten

Durch Addition der fixen Kosten K_f zu den bisher abgeleiteten variablen Kosten K_v ergibt sich die Gesamtkostenfunktion K_{ges}:

$$K_{ges} = f^{-1}(m) \cdot p_v \quad + \quad K_f$$

Die **Gesamtkosten** ergeben sich zeichnerisch in Abbildung 24 aus dem Verschieben der variablen Kostenfunktion um den Betrag der fixen Kosten K_f nach oben.

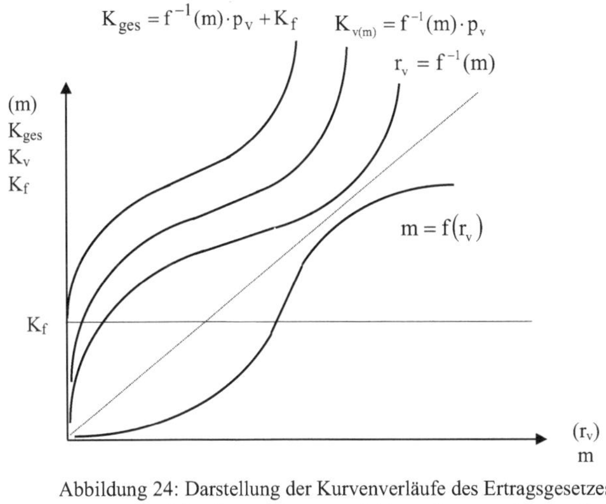

Abbildung 24: Darstellung der Kurvenverläufe des Ertragsgesetzes, der Umkehrfunktion und der dazugehörigen variablen-, fixen- und Gesamtkostenfunktion

Ein betriebswirtschaftlich relevanter Bereich ist der Kurvenverlauf der Gesamtkostenkurve in der Nähe des Wendepunktes (vgl. Abb. 25, Punkt A). Hier sind die Kostenzuwachsraten (Grenzkosten) bei Veränderung der Ausbringungsmenge m im Vergleich zu geringeren oder höheren Ausbringungsmengen relativ gering. „Die Gesamtkostenfunktion einer ertragsgesetzlichen Produktionsfunktion verläuft folglich ausgehend vom Fixkostensockel K_f zunächst degressiv und anschließend progressiv, so dass sich insgesamt ein S-förmiger Kostenverlauf ergibt“ (vgl. Wöhe, 1996, 516).

Bei der nachfolgenden Behandlung der Grenzkosten und der Durchschnittskosten werden die Zusammenhänge zwischen den einzelnen Kostenkurven und die Bedeutung des Bereiches minimaler Grenzkosten besonders sichtbar.

Die **Grenzkosten**, bezeichnet mit K´, sind Ausdruck des Anstiegsverhaltens der Gesamtkostenkurve. Sie geben Auskunft darüber, wie sich die Gesamtkosten bei einer infinitesimalen Veränderung der Ausbringungsmenge m verhalten. Solange die Gesamtkostenfunktion degressiv steigt, fallen die Grenzkosten und erreichen im Wendepunkt der Gesamtkostenkurve ihr Minimum. Mit dem progressiven Anstieg der Gesamtkostenfunktion steigen die Grenzkosten. Der Anstieg der Grenzkosten ist Ausdruck des überproportionalen Anwachsens der Gesamtkosten gegenüber dem Anwachsen der Ausbringungsmenge m. Analytisch lässt sich die Grenzkostenfunktion durch Bildung der ersten Ableitung der Gesamtkostenfunktion ermitteln; $\frac{dK_{ges}}{dm} = K'$.

K_{ges}= Gesamtkostenkurve; K´ = Grenzkostenkurve

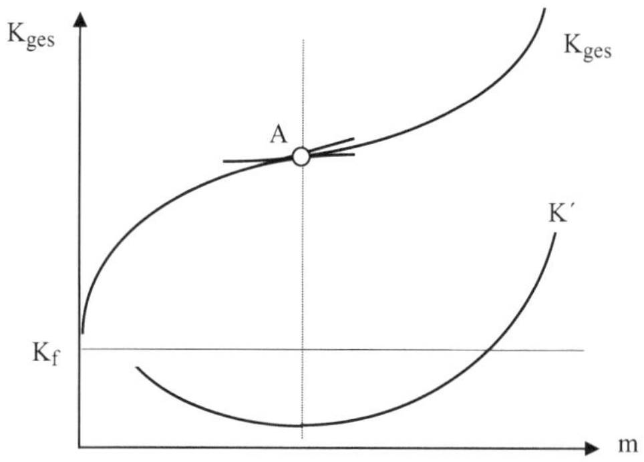

Abbildung 25: Darstellung der Gesamt- und Grenzkostenkurve

Die **Durchschnittskosten**, bezeichnet mit k, sind Ausdruck der Stückkosten, bestehend aus einem fixen und variablen Kostenanteil. Man kann sie auch als Gesamtdurchschnittskosten bezeichnen. Sie werden errechnet, indem die Gesamtkosten durch die jeweilige Ausbringungsmenge dividiert werden.

$$k = \frac{K_{ges}}{m}$$

Da der S-förmige Verlauf einer Gesamtkostenfunktion K_{ges}= f(m) durch eine Gleichung dritten Grades beschrieben wird, erhält man bei Division durch die Ausbringungsmenge m eine quadratische Gleichung.

Die Durchschnittskostenkurve wird in ihrem Minimum von der Grenzkostenkurve geschnitten (vgl. Abbildung 26).

K_{ges}= Gesamtkostenkurve; K´ = Grenzkostenkurve; k = Durchschnittskostenkurve

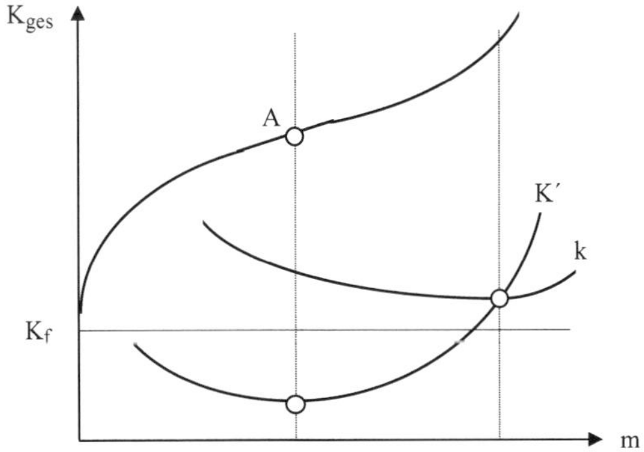

Abbildung 26: Darstellung der Gesamt-, Grenz- und Durchschnittskosten

Wie bei den Gesamtkosten, lassen sich auch die Stückkosten (Durchschnittskosten) in einen fixen und variablen Teil zerlegen. Daraus ergibt sich folgende Kostenfunktion:

$$k = \frac{K_{ges}}{m} \quad \Rightarrow \quad k = \frac{K_f}{m} + \frac{K_v}{m}$$

⇑ ⇑

fixe; variable Kosten pro Stück

⇓ ⇓

k_f k_v

Mit steigender Ausbringungsmenge m fallen die fixen Kosten pro Stück, während die variablen Durchschnittskosten pro Stück konstant bleiben.

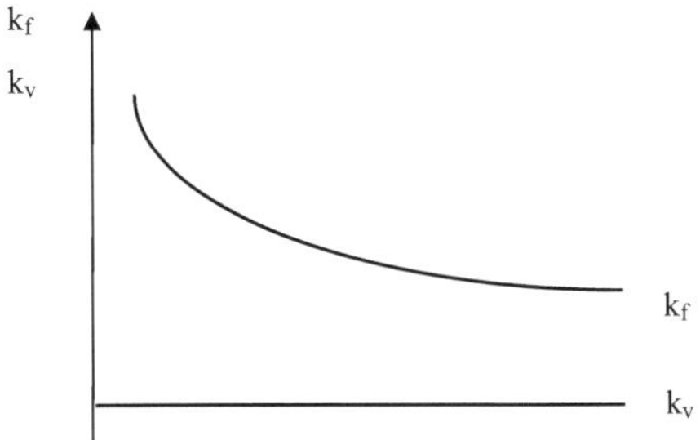

Abbildung 27: Verlauf der fixen und variablen Durchschnittskosten in Abhängigkeit von der Ausbringungsmenge m

Die variablen Durchschnittskosten k_v ergeben sich aus Division der variablen Kosten K_v durch die jeweilige Ausbringungsmenge m. Die variable Durchschnittskostenkurve k_v wird ebenfalls in ihrem Minimum von der Grenzkostenkurve K´ geschnitten.

K_{ges} = Gesamtkostenkurve; k_v = variable Durchschnittskostenkurve

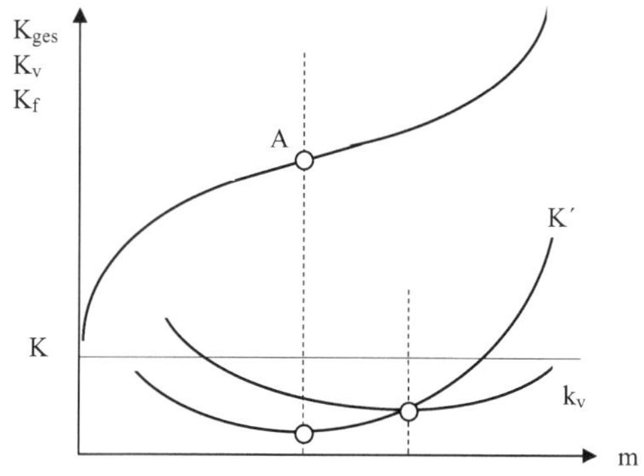

Abbildung 28: Darstellung der Gesamtkosten, der Grenzkosten und der variablen Durchschnittskosten

2.1.8 Beziehungen zwischen den Kostenkurven

Die Beziehungen zwischen den Gesamtkosten, den fixen und variablen Kosten und den Grenz- und Durchschnittskosten lassen sich durch entsprechende Kostenkurven in Abhängigkeit von der ansteigenden Ausbringungsmenge m ebenfalls in einem **Vier-Phasen-Schema** darstellen. In Abbildung 29 ist zu erkennen, dass die Endpunkte der einzelnen Phasen, gekennzeichnet durch die Punkte A, B und C, wichtige Punkte der Kostenkurven markieren.

Die **Phase I** endet im Wendepunkt der Gesamtkostenkurve bzw. im Minimum der Grenzkostenkurve. Charakteristisch für die Phase I ist der degressive Anstieg der Gesamtkostenkurve bis zum Wendepunkt A bei gleichmäßigem Anstieg der Ausbringungsmenge. Dieses Verhalten wird durch das Fallen der Grenzkostenkurve bis zum Minimum dokumentiert. Da die fixen Kosten unabhängig von der Ausbringungsmenge immer einen konstanten Betrag aufweisen, müssen logischerweise die variablen Durchschnittskosten k_v und die (Gesamt-)Durchschnittskosten k ebenfalls fallen.

Die **Phase II** endet im Minimum der variablen Durchschnittskostenkurve. Charakteristisch ist der progressive Anstieg der Gesamtkostenkurve, da sie jetzt ihren Wendepunkt A überschritten hat. Die Zuwachsraten steigen vorerst noch gering, da es trotz des Ansteigens der Grenzertragskurve K´ durch die noch abfallende variable Durchschnittskostenkurve k_v zu einer Dämpfung des Anstieges der Gesamtkostenkurve kommt.

K oder K_{ges} = Gesamtkostenkurve	K´= Grenzkostenkurve
K_v = variable Kostenkurve	k = (Gesamt-) Durchschnittskostenkurve
K_f = fixe Kostenkurve	k_v = variable Durchschnittskostenkurve

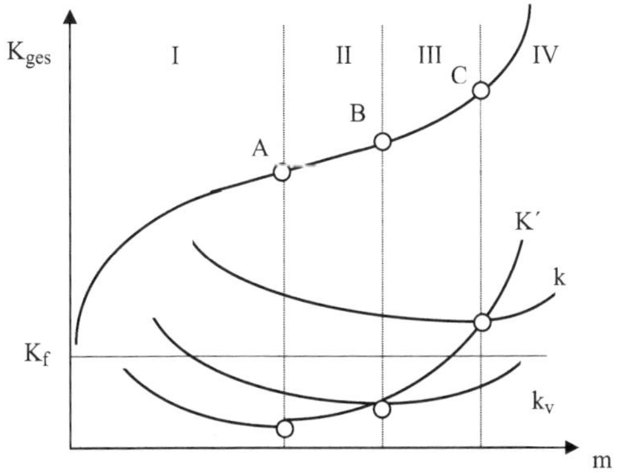

Abbildung 29: Beziehungen zwischen den Kostenkurven

Die **Phase III** endet im Minimum der (Gesamt-) Durchschnittskostenkurve. Charakteristisch für die Phase III ist der jetzt progressive Anstieg der Gesamtkostenkurve, hervorgerufen durch den steilen Anstieg der Grenzkostenkurve K´ und dem beginnenden Anstieg der variablen Durchschnittskostenkurve k_v. Das noch geringere Abfallen der (Gesamt-) Durchschnittskostenkurve kann den progressiven Anstieg der Gesamtkostenkurve nur noch unwesentlich dämpfen.

Die **Phase IV** ist durch den progressiven Anstieg der Gesamtkostenkurve, der Grenzkurve sowie der beiden Durchschnittskostenkurven gekennzeichnet. Dieser Bereich ist betriebswirtschaftlich uninteressant, da bei weiterem Anstieg der Ausbringungsmenge die Gesamtkosten gegen unendlich laufen würden.

Als kostenrelevante Punkte sind die Phasen I bis zum Punkt A und die Phase II bis zum Punkt B für die betriebliche Praxis interessant. Mit dem Anstieg der Ausbringungsmenge m innerhalb der Phase I nehmen die Kostenzuwachsraten ständig ab, sodass die Stückkosten fallen. Muss die Ausbringungsmenge aufgrund höherer Kundenaufträge weiter gesteigert werden, so ist die Steigerung der Ausbringungsmenge m bis in Höhe des Punktes C (Ende der Phase II) ökonomisch vertretbar, da sich der Gesamtkostenanstieg noch in Grenzen hält. Eine sinnvolle Variationsbreite der Ausbringungsmenge m ergibt sich um den Wendepunkt A herum. Für die Phase I muss allerdings erwähnt werden, dass bei Rückgang der Ausbringungsmenge m die Gesamtkosten nicht proportional mit abfallen. Dieser geringere Gesamtkostenrückgang liegt an der Höhe der fixen Kosten.

Die charakteristischen Eigenschaften sind in Abbildung 30 zusammengefasst.

Phase	Gesamtkosten K	variable Durchschnittskosten k_V	(Gesamt-) Durchschnittskosten k	Grenzkosten K´	Endpunkt der Phase
I	degressiv steigend	fallend	fallend	fallend bis Minimum	Wendepunkt $K' = \text{Min.}$
II	progressiv steigend	fallend bis Min.	fallend	steigend $K' \leq k_V$	$k_V = \text{Min.}$ $k_V = K'$
III	progressiv steigend	steigend	fallend bis Min.	steigend $K' \geq k_V$ $K' \leq k$	$k = \text{Min.}$ $k = K'$
IV	progressiv steigend	steigend	steigend	steigend $K' > k_V$ $K' > k$	

Abbildung 30: Vier-Phasen-Schema der ertragsgesetzlichen Kostenfunktion

2.1.9 Berechnungsbeispiel

Das nachfolgende Beispiel behandelt die Berechnung markanter Punkte der ertragsgesetzlichen Kostenfunktion. Bei der Beurteilung der Gesamtkosten in Abhängigkeit von der Erhöhung der Ausbringungsmenge sind z.B. bedeutsam, bis zu welchem Wert der Ausbringungsmenge m verläuft die Kostenentwicklung degressiv (Ende der Phase I), bis zu welchem Wert der Ausbringungsmenge m fallen noch die variablen Durchschnittskosten (Ende der Phase II). Sowohl die Gesamtkostenfunktion als auch die variable Kostenfunktion haben einen S-förmigen Verlauf und können mit einer Gleichung dritten Grades beschrieben werden. Die Kosten haben die Maßeinheit [€].

Aufgabenstellung:

Gegeben: Gesamtkostenfunktion $K = f(m)$; $K = 0{,}1m^3 - m^2 + 5m + 10$

Variable Kostenfunktion $K_v = f(m)$; $K_v = 0{,}1m^3 - m^2 + 5m$

Gesucht:

- Die Größe der Ausbringungsmenge m am Ende der Phasen I bis III (vgl. Abbildung 29, Punkte A, B, C)
- die dazugehörige Höhe der Gesamtkosten.

Lösungsweg:

Phase I:

Die Phase I endet im Wendepunkt der Gesamtkostenkurve K bzw. im Minimum der Grenzkostenkurve. Die erste Ableitung der Gesamtkostenkurve ergibt die Gleichung der Grenzkostenkurve. Wird nun die erste Ableitung der Grenzkostenkurve gleich Null gesetzt, erhält man ihre Extremwerte (Maximum oder Minimum).

- Bildung der ersten Ableitung der Gesamtkostenkurve K:

  $K = 0{,}1m^3 - m^2 + 5m + 10;\qquad \frac{dK}{dm} = K' = 0{,}3m^2 - 2m + 5$

- Bildung der zweiten Ableitung der Gesamtkostenkurve K: (entspricht der ersten Ableitung der Grenzkostenkurve K´)

  $\frac{d^2K}{dm^2} = K'' = 0{,}6m - 2$

Das Ende der Phase I endet mit dem Wert der Ausbringungsmenge m, bei dem das Minimum des Grenzertrages K´ liegt. Dazu wird die erste Ableitung der Grenzertragskurve (entspricht zweite Ableitung der Gesamtertragskurve) gleich Null gesetzt.

$K'' = 0;\qquad 0{,}6m - 2 = 0;\ \Rightarrow\qquad 0{,}6m = 2;\qquad \Rightarrow\qquad m = \underline{\underline{3{,}33}}\ [ME]$

Die Phase I umfasst somit das Intervall der Ausbringungsmenge m: **0 < m ≤ 3,33**.
Die Höhe der Gesamtkosten an der Stelle m = 3,33 ergibt sich durch Einsetzen des Betrages in die Gesamtkostenfunktion.

$K = 0{,}1m^3 - m^2 + 5m + 10;\quad K = 3{,}69 - 11{,}09 + 16{,}65 + 10 = \underline{\underline{19{,}25}}\ [€]$

Phase II

Die Phase II endet im Minimum der variablen Durchschnittskostenkurve. Die variablen Durchschnittskosten k_v erhält man, indem man die variable Kostenfunktion K_v durch die Ausbringungsmenge m dividiert.

$$k_v = \frac{K_v}{m};\quad k_v = \frac{0{,}1m^3 - m^2 + 5m}{m}$$

$$k_v = 0{,}1m^2 - m + 5$$

Das Minimum erhält man, indem man die erste Ableitung der variablen Durchschnittskostenfunktion gleich Null setzt.

$\frac{dk_v}{dm} = 0{,}2m - 1;\ \Rightarrow\ 0{,}2m - 1 = 0;\ \Rightarrow\ m = \underline{\underline{5}}\ [ME]$

Die Höhe der Gesamtkosten an der Stelle m = 5 ergibt sich durch Einsetzen des Betrages in die Gesamtkostenfunktion.

$K = 0{,}1m^3 - m^2 + 5m + 10;$

$K = 12{,}5 - 25 + 25 + 10 = \underline{\underline{22{,}5}}\ [€]$

Die Phase II umfasst somit das Intervall der Ausbringungsmenge m: **3,33 < m ≤ 5**.

Phase III

Die Phase III endet im Minimum der (Gesamt-) Durchschnittskostenkurve. Charakteristisch für diese Phase ist ein progressiver Anstieg der Gesamtkosten, der durch den Anstieg der Grenzkostenkurve und den Anstieg der variablen Durchschnittskostenkurve verursacht wird.

Die (Gesamt-) Durchschnittskostenfunktion erhält man, indem man die Gesamtkostenfunktion $K = 0{,}1m^3 - m^2 + 5m + 10$ durch die Ausbringungsmenge m dividiert, $k = \frac{K}{m}$;

$$k = \frac{0{,}1m^3 - m^2 + 5m + 10}{m}; \qquad k = 0{,}1m^2 - m + 5 + \frac{10}{m}$$

Das Minimum der (Gesamt-)Durchschnittskostenkurve erhält man, indem man die erste Ableitung der Durchschnittskostenkurve gleich Null setzt.

$$\frac{dk}{dm} = 0{,}2m - 1 - \frac{10}{m^2};$$

$$0{,}2m - 1 - \frac{10}{m^2} = 0; \qquad \Rightarrow \qquad m = \underline{\underline{6{,}27}} \quad [ME]$$

Dieser Wert ist nur durch die Anwendung von Näherungsverfahren ermittelbar.
Die Höhe der Gesamtkosten an der Stelle m = 6,27 ergibt sich durch Einsetzen des Betrages in die Gesamtkostenfunktion.

$$K = 0{,}1m^3 - m^2 + 5m + 10;$$

$$K = 24{,}65 - 39{,}31 + 31{,}35 + 10 = \underline{\underline{26{,}69}} \quad [€]$$

Die Phase III umfasst somit das Intervall der Ausbringungsmenge m: **$5 < m \leq 6{,}27$.**

Kontrollfragen / Übungsaufgaben

3. Beschreiben Sie charakteristische Merkmale der Ertragsfunktion bei Variation eines Einsatzfaktors anhand des Gutenberg´schen Vier-Phasen-Schemas.

4. Berechnen Sie die jeweilige Intervallbreite des Einsatzfaktors r_1 für die Phasen I - III des Gutenberg´schen Vier-Phasen-Schemas und die dazugehörigen Ausbringungsmengen. Folgende Ertragsfunktion ist gegeben: $m = 9r_1 + 9r_1^2 - r_1^3$.

5. Erläutern Sie den Übergang von der Produktions- zur Kostenfunktion. Welche Rolle spielen dabei die Preise der Einsatzfaktoren?

6. Erklären Sie die Begriffe Gesamtkosten, Grenzkosten, (Gesamt-) Durchschnittskosten und variable Durchschnittskosten.

7. Beschreiben Sie die charakteristischen Merkmale der vier Phasen der ertragsgesetzlichen Kostenfunktion.

8. Berechnen Sie die Intervallbreiten der Ausbringungsmengen m und die dazu gehörigen Gesamtkosten für die Phasen I - III einer ertragsgesetzlichen Kostenfunktion. Folgende Gesamtkostenfunktion ist gegeben:
   $K = 0{,}01m^3 - m^2 + 100m + 720$; der Wert 720 stellt den Anteil der fixen Kosten dar.
   Für die Phase III beträgt m = 60. (vgl. Wöhe, Kaiser, Döring, 1986, 141)

2.2 Das Ertragsgesetz bei Variation mehrerer Produktionsfaktoren

Die bisherige Betrachtungsweise bezog sich immer auf die Variation eines Produktionsfaktors. In dieser vereinfachten Weise lassen sich aber industrielle Prozesse nicht nachbilden, denn in der Regel sind immer mehrere Produktions- oder Einsatzfaktoren an der Erzeugung der Ausbringungsmenge beteiligt. Damit wird die theoretische Beschreibung der funktionalen Zusammenhänge zwischen Einsatzfaktoren und Ausbringungsmenge schwieriger, weil sowohl substitionale als auch limitionale Faktorbeziehungen auftreten. Bei einer marktabhängigen Variation der Ausbringungsmenge m verändern sich die Beiträge der einzelnen Produktionsfaktoren nicht proportional, sodass sich daraus auch ein sehr unterschiedliches Kostenverhalten ergibt. Für die Ausbringungsmenge m gilt:

$$m = f(r_1, r_2, r_{,3} \ldots, r_{n-1}, r_n)$$

Es gilt weiterhin, dass die Produktionsfaktoren (r_1, r_2, $r_{,3}$ ..., r_{n-1}, r_n) als variable Faktoren betrachtet werden.

Beim Einsatz substitionaler Produktionsfaktoren kann zumindest jetzt bereits die Aussage getroffen werden, dass ein bestimmtes Quantum Ausbringungsmenge mit einer unterschiedlichen Mengenkombination dieser Produktionsfaktoren erreicht werden kann. Beim Einsatz limitionaler Produktionsfaktoren kann eine veränderte Ausbringungsmenge nur mit einer proportional veränderten Menge aller Faktoren erreicht werden.

In der Abbildung 31 werden wesentliche Begriffe gegenübergestellt, die aus der Sicht der Variation nur eines bzw. aus der Variation mehrerer Einsatzfaktoren entsprechende theoretische Inhalte beschreiben.

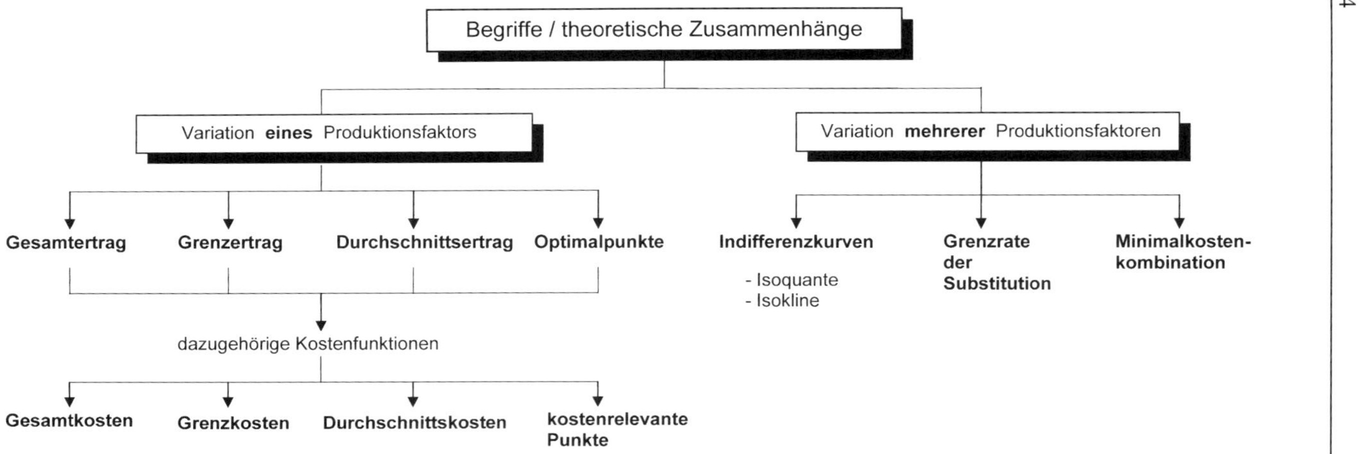

Abbildung 31: Begriffsgegenüberstellungen bei Variation eines oder mehrerer Produktionsfaktoren

Es soll nun der Fall angenommen werden, dass eine bestimmte Ausbringungsmenge m mit minimalen Kosten bei verschiedenen Mengenkombinationen von Einsatzfaktoren produziert wird. Entsprechend der Substitionalität und der Limitionalität ergeben sich aus den zwei Formen des Faktoreinsatzes folgende grundsätzliche Problemstellungen:

Substitionaler Faktoreinsatz	**Limitionaler Faktoreinsatz**
• Einsatzfaktoren sind innerhalb bestimmter Grenzen substituierbar, d.h. eine Verringerung des Einsatzfaktors r_1 kann durch Erhöhung des Einsatzfaktors r_2 kompensiert werden; der gleiche Ertrag kann mit einer unterschiedlichen Mengenkombination an Einsatzfaktoren erreicht werden. • Eine Variation der Ausbringungsmenge kann durch unterschiedliche Variationen der Einsatzfaktoren erreicht werden.	• Einsatzfaktoren sind nicht frei substituierbar, sie stehen in einer bestimmten Relation zur Ausbringungsmenge und damit in einer bestimmten Relation zueinander. • Die Einsatzfaktoren sind limitiert, d.h. der knappste Einsatzfaktor limitiert die maximal mögliche Ausbringungsmenge. • Die Variation der Ausbringungsmenge kann nicht durch Variation einzelner Einsatzfaktoren erreicht werden.
↓	↓
Problem : Welche Faktorkombination ist am günstigsten?	**Problem**: Wie kann bei limitionalen Verhältnissen ein Gesamtkostenminimum erreicht werden?
↓	↓
Die günstigste Kombination ist diejenige, die die minimalen Gesamtkosten verursacht.	Produktionssysteme besitzen variable Leistungsgrade / Intensitäten und müssen mit jener Intensität betrieben werden, bei der die minimalen Gesamtkosten entstehen.
↓	↓
Lösungsansatz: **Minimalkostenkombination**	Lösungsansatz: **Optimale Intensität**

Abbildung 32: Problemlösungsansätze für substitionalen und limitionalen Faktoreinsatz

Das Bestimmen der **Minimalkostenkombination** innerhalb der ertragsgesetzlichen Betrachtung (Produktionsfunktion A) geht von einer konstant angenommen Intensität eines Produktionssystems aus und ist im einfachsten Fall mit den substitionalen Variationsmöglichkeiten von zwei Einsatzfaktoren r_1 und r_2 möglich. Dabei handelt es sich in der Regel um eine partielle Substitution, d.h. um den gegenseitigen Ersatz der Einsatzfaktoren innerhalb bestimmter Grenzen. Bei einer totalen Faktorsubstitution wird z.B. der Faktor r_1 komplett (total) durch den Faktor r_2 ersetzt oder umgekehrt. Auch eine solche Faktorkombination, bei der ein Faktor gleich Null wird, kann theoretisch eine Minimalkostenkombination ergeben. In der betrieblichen Praxis spielt dies keine Rolle, denn wenn der Einsatz nur eines Faktors von vornherein zu den Minimalkosten führt, ist keine Faktorvariation erforderlich.
Der Problemlösungsansatz mittels einer **optimalen Intensität** begegnet uns bei limitionalem Faktoreinsatz und konzentriert sich im Wesentlichen auf die Produktionsfunktion vom Typ B (Verbrauchsfunktion). In den folgenden Ausführungen wenden wir uns vorrangig den substitionalen Variationsmöglichkeiten der Einsatzfaktoren bis hin zur Ableitung der Minimalkostenkombination zu und beschränken uns auf den einfachsten Fall des Einsatzes von zwei Produktionsfaktoren.

2.2.1 Isoquantendarstellung

Die in Abbildung 31 genannten Indifferenzkurven basieren auf entsprechende Formen der Faktorvariation.

Eine isoquante Faktorvariation zwischen r_1 und r_2 liegt dann vor, wenn eine konstante Ausbringungsmenge m mit unterschiedlichen Mengenanteilen der jeweiligen Einsatzfaktoren erreicht werden kann.

Zur Erläuterung solcher Begriffe, wie Isoquante, Isokline, isoquante und isokline Faktorvariation, partielle und proportionale Faktorvariation, wird in Abbildung 33 eine dreidimensionale Darstellung der Produktionsfunktion, als **Ertragsgebirge** bezeichnet, vorangestellt. Im Ertragsgebirge ist die konstante Höhe der Ausbringungsmenge durch ein schraffiertes Band dargestellt.

Die Schnittlinie D-G-C-E ist eine Höhenlinie im Ertragsgebirge und drückt die Größe der konstanten Ausbringungsmenge aus.

Als Isoquante bezeichnet man den geometrischen Ort aller Faktorkombinationen, die zur Ausbringungsmenge gleicher Höhe führt. (vgl. Ellinger/Haupt, 1990, 23).

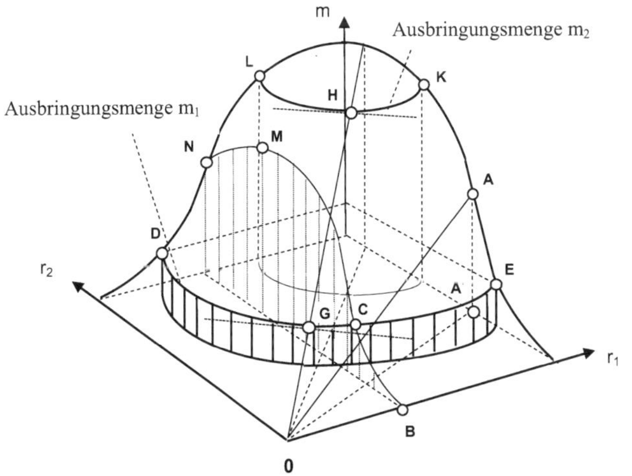

Abbildung 33: Dreidimensionale Darstellung der Produktionsfunktion

Legt man einen Schnitt durch das Ertragsgebirge, so wird die konstante Höhe der Ausbringungsmenge besonders sichtbar. (Abbildung 34)

> Eine isokline Faktorvariation von r_1 und r_2 liegt dann vor, wenn an mehreren Isoquanten Punkte gleichen Anstieges existieren. Als Isokline bezeichnet man den geometrischen Ort von Faktorkombinationen gleicher Isoquantensteigung (vgl. Ellinger/Haupt, 1990, 31).

In Abbildung 33 weisen die Isoquanten D-G-C- und L-H-K in den Punkten G und H den gleichen Anstieg auf. Die Verbindungslinie 0-G-H ist damit die graphische Darstellung der Isokline.

> Eine partielle Faktorvariation liegt dann vor, wenn gemäß Abbildung 35 der Faktor r_1 mit der Größe B (Strecke 0-B) konstant gehalten wird und r_2 von null bis zu einem endlichen Wert gesteigert wird.

Diese Faktorvariation ist bereits aus Abschnitt 2.1 bekannt. Abbildung 35 zeigt die partielle Faktorvariation als Senkrechtschnitt im Ertragsgebirge.

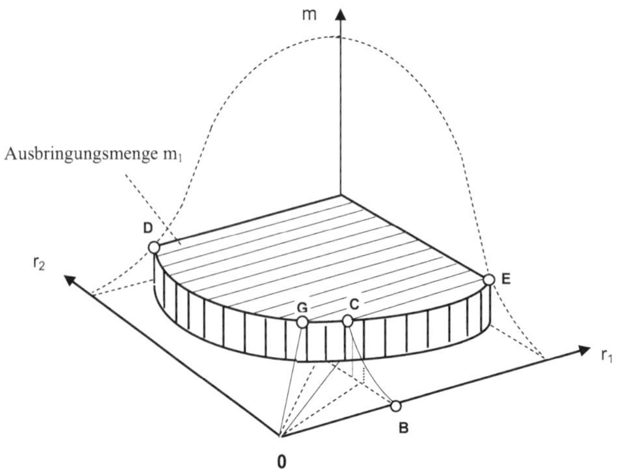

Abbildung 34: Ertragsgebirgsausschnitt: Isoquante Faktorvariation

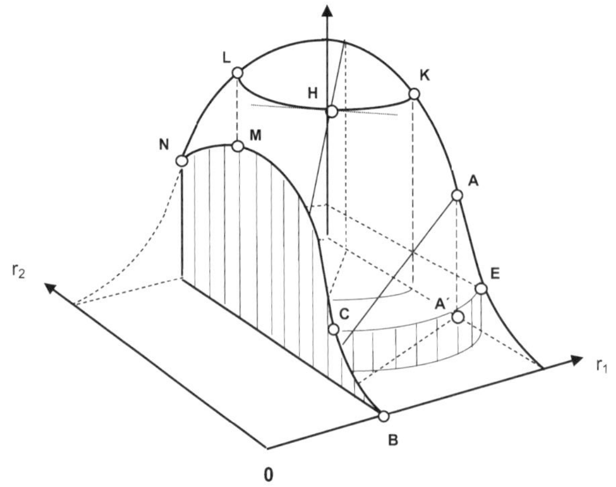

Abbildung 35: Ertragsgebirgsausschnitt: Partielle Faktorvariation

> Eine proportionale Faktorvariation liegt dann vor, wenn sich die Faktoren r_1 und r_2 stets im gleichen Verhältnis vervielfachen.

In Abbildung 36 ist dies durch die Ursprungsgerade 0-A´ ausgedrückt. Die Linie 0-A drückt nun eine proportional wachsende Ertragshöhe im Ertragsgebirge aus. Der Ertrag kann unter-, über- oder linearproportional anwachsen.

Abbildung 36 zeigt die proportionale Faktorvariation durch einen Senkrechtschnitt an der Ertragslinie 0A im Ertragsgebirge.

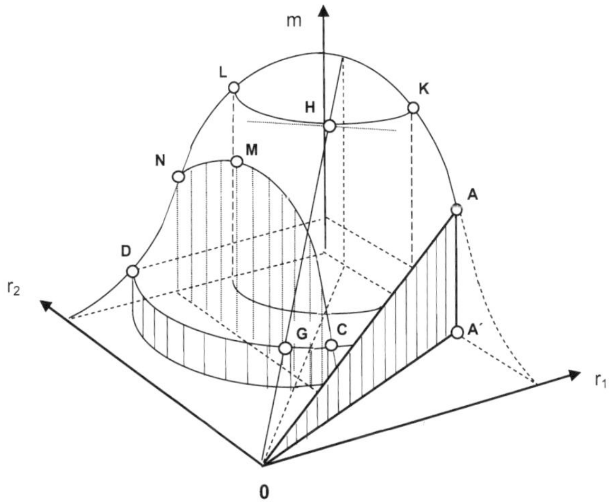

Abbildung 36: Ertragsgebirgsausschnitt: Proportionale Faktorvariation

Zur Vereinfachung der Isoquantendarstellung wird die dreidimensionale Darstellung des Ertragsgebirges auf eine zweidimensionale Darstellung zurückgeführt. Die zweidimensionale Darstellung ergibt sich aus der Draufsicht auf das Ertragsgebirge und lässt die Abbildung 33 gezeichneten Linienzüge D-G-C-A bzw. L-H-K als Isoquanten mit den Ausbringungsmengen m_1 und m_2 erscheinen.

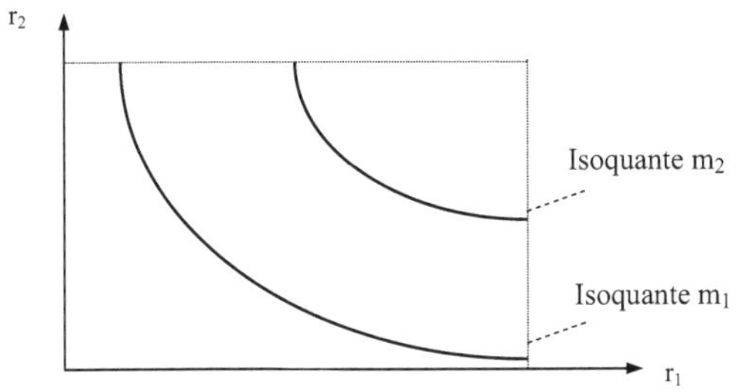

Abbildung 37: Zweidimensionale Darstellung der Isoquanten für m_1 und m_2

Bei substitionalen Faktorverhältnissen kann z.B. die konstante Ausbringungsmenge m_1 mit unterschiedlichen Mengenanteilen von r_1 und r_2 erbracht werden. Längs der Isoquante m_1 existieren zwischen den Punkten A und B eine endliche Vielzahl von Kombinationsmöglichkeiten von r_1 zu r_2. (vgl. Abbildung 38)

In Abbildung 38 sind drei mögliche Faktorkombinationen angegeben, die alle zur gleichen Ausbringungsmenge m_1 führen.

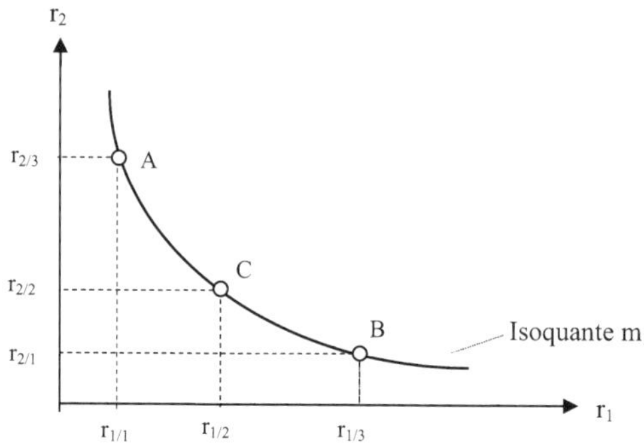

Abbildung 38: Darstellung möglicher Faktorkombinationen

- In Punkt A wird Ausbringungsmenge m_1 durch die Einsatzfaktoren $r_{1/1}$ und $r_{2/3}$ erreicht,
- in Punkt B wird Ausbringungsmenge m_1 durch die Einsatzfaktoren $r_{1/3}$ und $r_{2/1}$ erreicht,
- in Punkt C wird Ausbringungsmenge m_1 durch die Einsatzfaktoren $r_{1/2}$ und $r_{2/2}$ erreicht.

Später ist zu beantworten, welche der möglichen Faktorkombinationen die kostengünstigste ist.

2.2.2 Durchschnittsrate und Grenzrate der Substitution

Die Behandlung der Begriffe „Durchschnittsrate" und „Grenzrate" der Substitution soll anhand eines Beispieles erfolgen. Gegeben sei die Produktionsfunktion: $m = r_1 \cdot r_2$. Damit wird gleichzeitig eine periphere Substitution beschrieben, d.h. die Einsatzfaktoren r_1 und r_2 sind in Grenzen substituierbar. Die Produktionsfunktion $m = r_1 \cdot r_2$ kann keine totale Substitution ausdrücken.

Würde ein Faktor gleich Null werden, so wird das Produkt = Ausbringungsmenge m ebenfalls Null. Bei einer Ausbringungsmenge m = 30 lässt sich für $m = r_1 \cdot r_2$ auszugsweise eine Wertetabelle mit folgenden möglichen Faktorkombinationen aufstellen: (Abbildung 39)

r_1	r_2	m
5	6	30
6	5	30
2	15	30
15	2	30
3	10	30
10	3	30
....	....	30

Abbildung 39: Wertetabelle für ausgewählte Faktorkombinationen

Für die Isoquante mit dem Wert m = 30 ergibt sich der in Abbildung 40 angegebene Verlauf. Für die weitere Behandlung der Durchschnitts- und Grenzrate der Substitution sind weitere markante Punkte und Geradenverläufe eingezeichnet. Für die Punkte E und F ergeben sich unterschiedliche Anteile der Einsatzfaktoren r_1 und r_2. Die Ertragslage enthält im Punkt F größere Anteile von r_1, während im Punkt E größere Anteile von r_2 enthalten sind.

Da beide Lagen hinsichtlich der Ausbringungsmenge indifferent sind, entsprechen:

- Strecke A-B den Mengeneinheiten von r_1 und
- Strecke D-C den Mengeneinheiten r_2.

Das Verhältnis $\frac{\overline{AB}}{\overline{DC}}$ bezeichnet man als **Durchschnittsrate der Substitution.** Aus der Betrachtung von r_2 als Bezugsbasis sagt dies aus, um wieviel Anteile sich durchschnittlich r_2 im Streckenabschnitt E - F erhöhen muss, wenn r_1 fällt oder umgekehrt.

Es entspricht dem tan α_2; $\tan\alpha_2 = \frac{\overline{AB}}{\overline{DC}}$.

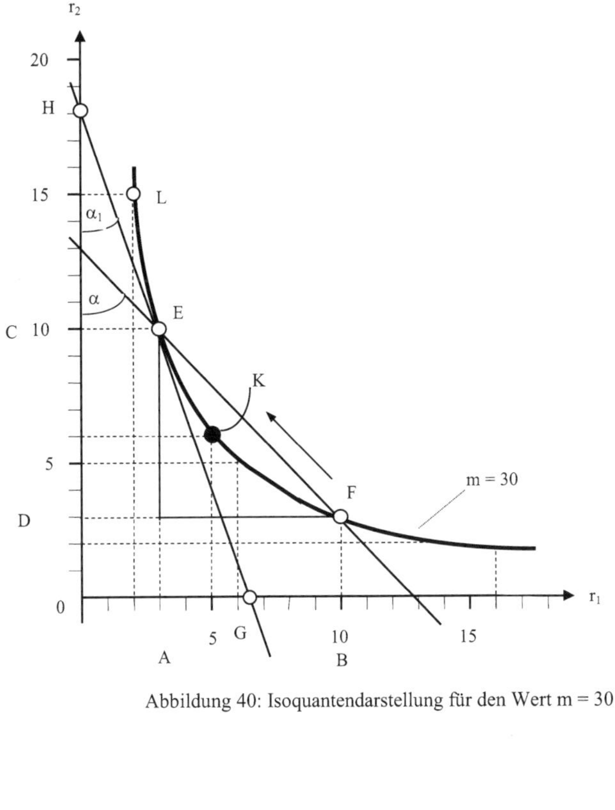

Abbildung 40: Isoquantendarstellung für den Wert m = 30

Lässt man nun den Punkt F entlang der Isoquante zum Punkt E wandern und schleppt die Sekante, die man sich im Punkt E drehbar gelagert vorstellen kann, dabei mit, dann wird sie bei Erreichen des Winkels α_1 zur Tangente im Punkt E. Lässt man diese Tangente im Punkt G die Abszisse und im Punkt H die Ordinate schneiden, so ist der Winkel α_1 durch die Beziehung $\tan\alpha_1 = \frac{\overline{0G}}{\overline{0H}}$ definiert. Der Tangens des Winkels α_1 ist die **Grenzrate der Substitution**.

Die Einsatzmenge eines Produktionsfaktors r_2, die notwendig ist, um eine Einheit des anderen Produktionsfaktors r_1 bei konstanter Ausbringungsmenge zu ersetzen, bezeichnet man als:

- Grenzrate der Substitution oder
- Substitutionsverhältnis oder
- Substitutionsrate.

Der gebräuchlichere Begriff ist Grenzrate der Substitution.
In Abbildung 40 wird sichtbar, dass ausgehend vom Punkt K bei Rücknahme von 3 Mengeneinheiten des Faktors r_1, beispielweise von 5 r_1 auf 2 r_1, eine Zunahme des Faktors r_2 um 9 Einheiten, von 6 r_2 auf 15 r_2, erfolgen muss, um den Punkt L zu erreichen. Die Punkte K und L enthalten jeweils die gleiche Ausbringungsmenge m, da sie auf der Isoquante liegen.

Allgemein gilt:

- Je größer die Grenzrate der Substitution, umso mehr Einheiten des Faktors r_2 sind erforderlich, um den Ausfall des Faktors r_1 auszugleichen.
- Je größer die Grenzrate der Substitution, umso niedriger ist der Grenzertrag des Produktionsfaktors r_2.
- Die Substitutionsmenge des Faktors r_1 verhält sich zur Substitutionsmenge des Faktors r_2, wie der Grenzertrag des Faktors r_2 zum Grenzertrag des Faktors r_1.

  Es gilt: $\frac{dr_1}{dr_2} = \frac{-m'_{r_2}}{m'_{r_1}}$

2.2.3 Ableitung der dazugehörigen Kostenfunktion

Bisher wurde noch keine Aussage getroffen, welche Faktorkombination die Günstigste ist. Wie bereits in Abbildung 32 formuliert, ist die günstigste Faktorkombination jene, die die minimalen Gesamtkosten verursacht. Die Kosten für den Verbrauch der einzelnen Produktionsfaktoren ergeben sich aus der Bewertung des mengenmäßigen Verbrauchs mit den dazugehörigen Faktorpreisen (vgl. Abschnitt 1.4). Generell sind die ermittelten Kosten variable Kosten und ergeben sich aus:

$$K_v = p \cdot r \qquad \left[\frac{€}{ME}\right] \cdot [ME] - [€]$$

Werden mehrere Produktionsfaktoren eingesetzt, ergeben sich die variablen Gesamtkosten wie folgt:

$$K_{v_{ges}} = p_1 \cdot r_1 + p_2 \cdot r_2 + p_3 \cdot r_3 + \ldots + p_{n-1} \cdot r_{n-1} + p_n \cdot r_n$$

Diese Formel drückt die allgemeine Form der Kostenfunktion aus.
Auf die vereinfachte Betrachtung des Einsatzes von zwei Produktionsfaktoren bezogen, ergibt sich die Kostenfunktion wie folgt:

$$K_{v_{ges}} = p_1 \cdot r_1 + p_2 \cdot r_2 \qquad [€]$$

In einen r_1/r_2 - Diagramm kann durch Umstellung der Formel nach r_2 die lineare Kostenfunktion dargestellt werden. Der Anstieg ergibt sich aus dem Verhältnis der Preise.

$$r_2 = -\frac{p_1}{p_2} \cdot r_1 + \frac{K_{v_{ges}}}{p_2} \qquad [ME]$$

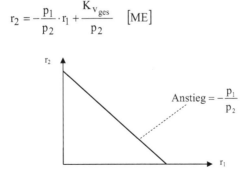

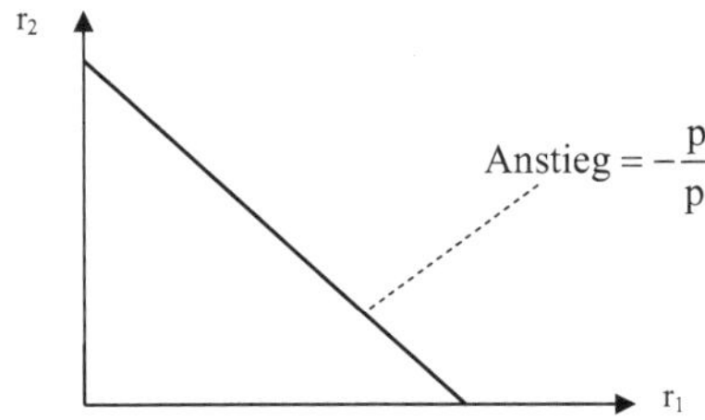

Abbildung 41: Prinzipdarstellung des Anstiegs der linearen Kostenfunktion in Abhängigkeit von den Preisen der Einsatzfaktoren

2.2.4 Die Minimalkostenkombination

Ausgangspunkt der Ableitung der Minimalkostenkombination ist die isoquante Faktorkombination, die zur Darstellung der Kurven konstanter Ausbringungsmengen, zu den Isoquanten, führt. (vgl. Abbildung 42)

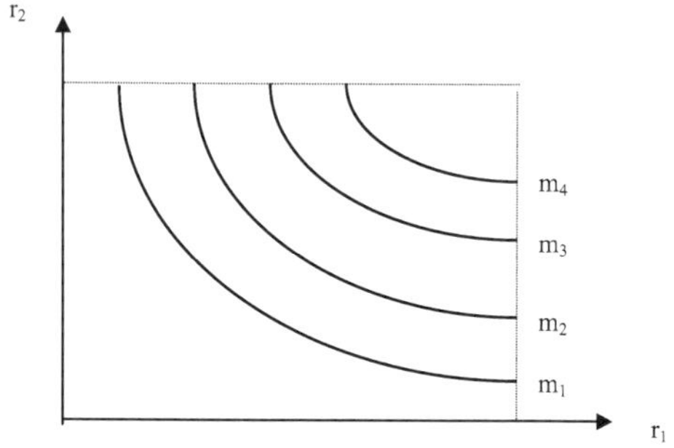

Abbildung 42: Zweidimensionale Darstellung der Isoquanten

In der bisher mengenmäßig betrachteten Faktorkombination wirken jetzt die **Faktorpreise als ökonomisches Regulativ**. Aus der Multiplikation der Faktoreinsatzmengen mit ihren Preisen ergibt sich bei zwei Faktoren die bereits genannte Kostenfunktion:

$$K_{v_{ges}} = p_1 \cdot r_1 + p_2 \cdot r_2 \quad [€].$$

Für die Bestimmung der Minimalkostenkombination ist nun die Kenntnis der Isokostenlinie erforderlich. Sie ist der geometrische Ort aller beliebigen Faktorkombinationen, die sich mit einem gegebenen variablen Gesamtkostenbetrag $K_{v_{ges}}$ verwirklichen lassen. Gibt man einen konstanten Kostenbetrag vor, mit $\overline{K}$ bezeichnet, so kann daraus die Faktorkombination errechnet werden, die bei einem gegebenen Kostenlimit die größtmögliche Ausbringungsmenge ermöglicht. Die Umstellung der Kostenfunktion $K_{v_{ges}} = p_1 \cdot r_1 + p_2 \cdot r_2$ nach r_2 unter Einbeziehung eines limitierten Kostenbetrages $\overline{K_{v_{ges}}}$ ergibt:

$$r_2 = -\frac{p_1}{p_2} \cdot r_1 + \frac{\overline{K_{v_{ges}}}}{p_2} .$$

Diese Geradengleichung ist der mathematische Ausdruck der **Isokostenlinie**. Gelegentlich wird sie auch als „Kostenisoquante" bezeichnet. Die graphische Darstellung dieser Geradengleichung für verschiedene limitierte Kostenbeträge, $\overline{K_1}, \overline{K_2}, ..., \overline{K_n}$ führt zu einer Schar von Geraden in einem r_1/r_2 - Diagramm mit der Steigung $-\frac{p_1}{p_2}$.

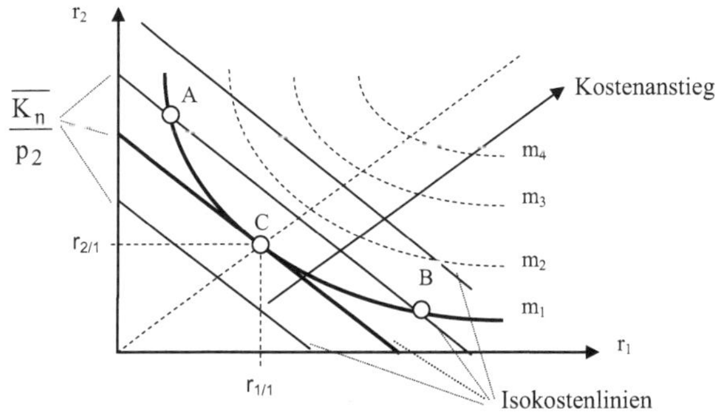

Abbildung 43: Darstellung der Isokostenlinien

Die Isokostenlinie bestimmt nun die Minimalkostenkombination für diejenige Isoquante, die gerade noch durch die Isokostenlinie tangiert wird. Bei der kostenminimalen Faktorkombination sind die Steigungen von Isoquante und Isokostenlinie im Berührungspunkt (Punkt C) gleich. Je weiter sich die Isokostenlinien vom Ursprung entfernen, umso höher werden die Kosten.
Soll die Ausbringungsmenge m_1 nach Abbildung 43 mit den geringsten variablen Kosten hergestellt werden, so kommen die Einsatzfaktorenkombinationen in den Punkten A oder B nicht in Frage, da die Kosten höher sind als im Punkt C.

Nach Abbildung 40 wird sichtbar, dass die Grenzrate der Substitution durch den Anstieg der Tangente im Punkt E der Isoquante bestimmt wird. Bei der Begründung der Minimalkostenkombination mit Hilfe der tangentialen Lage der Isokostenlinie (vgl. Abbildung 43, Punkt C) wird sichtbar, dass es sich um die gleichen Tangenten handelt, die zur Minimalkostenkombination führen. Daraus kann abgeleitet werden, dass sich die Grenzrate der Substitution aus dem Verhältnis der Preise der Einsatzfaktoren ergibt.

Der Anstieg der Tangente ist: $-\frac{p_1}{p_2}$ (Abbildung 41).

Er entspricht dem Verhältnis der Substitutionsmengen von r_2 zu r_1.

Demnach gilt: $\frac{dr_2}{dr_1} = -\frac{p_1}{p_2}$; bzw. $\left|\frac{dr_2}{dr_1}\right| = \frac{p_1}{p_2}$.

Weiterhin gilt die Aussage, dass sich die Substitutionsmenge des Faktors r_1 zur Substitutionsmenge des Faktors r_2 verhält, wie der Grenzertrag des Faktors r_2 zum Grenzertrag des Faktors r_1,

$$\frac{dr_1}{dr_2} = \frac{m'_{r_2}}{m'_{r_1}} ;$$

stellt man diese Beziehung um nach $\frac{dr_2}{dr_1}$, so ergibt sich:

$$\frac{dr_2}{dr_1} = \frac{m'_{r_1}}{m'_{r_2}} ; \quad \text{oder :} \quad \frac{dr_2}{dr_1} = \frac{\frac{\delta m}{\delta r_1}}{\frac{\delta m}{\delta r_2}} .$$

Da auch die Beziehung $\left|\frac{dr_2}{dr_1}\right| = \frac{p_1}{p_2}$ gilt, können die Preise der Einsatzfaktoren mit einbezogen werden, sodass daraus folgende Beziehung resultiert:

$$\frac{m'_{r_1}}{m'_{r_2}} = \frac{p_1}{p_2}; \quad \text{oder :} \quad \frac{\frac{\delta m}{\delta r_1}}{\frac{\delta m}{\delta r_2}} = \frac{p_1}{p_2} .$$

Damit kann formuliert werden:

> Die Minimalkombination ist dann erreicht, wenn sich die Grenzerträge der Produktionsfaktoren verhalten wie ihre Preise.

Die Ermittlung der Minimalkostenkombination bei peripherer oder totaler Substitutionsmöglichkeit von zwei Produktionsfaktoren kann somit in zwei verschiedenen Berechnungsformen (Lösungsvarianten) erfolgen:

1. Bestimmung der Kostenfunktion oder der Isokostenlinie und Gleichsetzen der Anstiege von Isokostenlinie und isoquanter Produktionsfunktion.

2. Gleichsetzen der partiellen Ableitungen der Produktionsfunktion mit dem Verhältnis der Preise der Einsatzfaktoren.

Das nachfolgende Demonstrationsbeispiel zeigt beide Berechnungsarten. Folgende Aufgabenstellung sei gegeben:
Für die Herstellung von 50 Erzeugnis-Stück (E.-Stück) eines Produktes stehen zwei Produktionsfaktoren zur Verfügung. Sie sind im Sinne einer peripheren- oder Randsubstitution gegenseitig ersetzbar. Es sind folgende Werte gegeben:

- Ausbringungsmenge m = 50 E.-Stück,
- Produktionsfunktion $m = r_1 \cdot r_2$,
- Preise der Produktionsfaktoren
  $p_1 = 4$ €/ME (ME – Mengeneinheit)
  $p_2 = 8$ €/ME

Die Produktionsfaktoren r_1 und r_2 haben die Maßeinheit ME.

Gesucht ist eine solche Faktorkombination (Größe von r_1 und r_2), bei der die Ausbringungsmenge m unter Beachtung der Minimalkosten für den Faktoreinsatz erreicht wird. (Minimalkostenkombination)

1. Lösungsvariante:

Bestimmung der Kostenfunktion oder der Isokostenlinie und Gleichsetzen der Anstiege von Isokostenlinie und isoquanter Produktionsfunktion.

Die Kostenfunktion lautet: $K_v = p_1 \cdot r_1 + p_2 \cdot r_2$;
nach Einsetzen gegebener Werte gilt: $K_v = 4r_1 + 8r_2$.
Durch Einsetzen der nach r_2 aufgelösten Produktionsfunktion in die Kostenfunktion kann der Punkt bestimmt werden, an dem die Isokostenlinie die Produktionsfunktion tangiert (vgl. Abbildung 43, Punkt C).
Die Kostenfunktion kann damit auch gleichzeitig auf eine Gleichung mit nur einer Unbekannten zurückgeführt werden,

$$m = r_1 \cdot r_2 \;; \quad \Rightarrow \quad 50 = r_1 \cdot r_2 \;; \quad \Rightarrow \quad \frac{50}{r_1} = r_2,$$

$$K_v = 4r_1 + 8\left(\frac{50}{r_1}\right); \quad \Rightarrow \quad K_v = 4r_1 + \frac{400}{r_1} .$$

Das Kostenminimum wird erreicht, indem die 1. Ableitung gleich Null gesetzt wird und daraus die Größen für r_1 und r_2 berechnet werden.

$$\frac{dK_v}{dr_1} = K_v{}' = 4 - \frac{400}{r_1^2} = 0; \quad \Rightarrow \quad 4 = \frac{400}{r_1^2};$$

$$4r_1^2 = 400; \quad \Rightarrow \quad r_1^2 = \frac{400}{4}; \qquad r_1 = \sqrt{100}; \quad r_1 = \underline{\underline{10}} \; [ME].$$

Durch Einsetzen von $r_1 = 10$ in die Produktionsfunktion, erhält man den Wert für r_2.

$$50 = r_1 \cdot r_2; \quad \Rightarrow \quad \frac{50}{r_1} = r_2; \quad \Rightarrow \quad r_2 = \frac{50}{10} = \underline{\underline{5}} \; [ME].$$

2. Lösungsvariante:

> Gleichsetzen der partiellen Ableitungen der Produktionsfunktion mit dem Verhältnis der Preise der Einsatzfaktoren.

$$\frac{m'_{r_1}}{m'_{r_2}} = \frac{p_1}{p_2}; \quad \text{oder} \quad \frac{\frac{\delta m}{\delta r_1}}{\frac{\delta m}{\delta r_2}} = \frac{p_1}{p_2};$$

$$\frac{\delta m}{\delta r_1} = 1 \cdot r_2 = r_2; \quad \frac{\delta m}{\delta r_2} = r_1 \cdot 1 = r_1; \quad \frac{r_2}{r_1} = \frac{4}{8}; \quad \frac{r_2}{r_1} = \frac{1}{2} \quad \Rightarrow \quad r_2 = \frac{1}{2} r_1;$$

durch Einsetzen in die Produktionsfunktion ergibt sich:

$$m = r_1 \cdot r_2; \quad 50 = r_1 \cdot \frac{1}{2} r_1; \quad 50 = \frac{1}{2} r_1^2; \quad r_1 = \sqrt{100}; \quad r_1 = \underline{\underline{10}} \; [ME]$$

Durch Einsetzen von $r_1 = 10$ in die Produktionsfunktion, erhält man den Wert für r_2.

$$50 = r_1 \cdot r_2; \quad \Rightarrow \quad \frac{50}{r_1} = r_2; \quad \Rightarrow \quad r_2 = \frac{50}{10} = \underline{\underline{5}} \; [ME].$$

Die variablen Gesamtkosten ergeben sich aus:

$$K_{v\,ges} = 4r_1 + 8r_2; \quad K_{v\,ges} = 4 \cdot 10 + 8 \cdot 5 = \underline{\underline{80}} \; [€]$$

Aus den Beziehungen: $\frac{\frac{\delta m}{\delta r_1}}{\frac{\delta m}{\delta r_2}} = \frac{p_1}{p_2}$; $\frac{\delta m}{\delta r_1} = 1 \cdot r_2 = r_2$; $\frac{\delta m}{\delta r_2} = r_1 \cdot 1 = r_1$;

$\frac{r_2}{r_1} = \frac{4}{8}$; $\frac{r_2}{r_1} = \frac{1}{2}$; $\Rightarrow$ ergibt sich die Geradengleichung $r_2 = \frac{1}{2} r_1$.

Sie wird als **Expansionspfad** bezeichnet, auf dem die Kostenminima für verschiedene Ausbringungsmengen bei gleichen Verhältnissen der Preise liegen.

Sie stellt eine **Minimalkostenlinie** in einem r_1/r_2 – Diagramm mit der Steigung $-\frac{1}{2}$ für die Minimalkostenlinie dar.

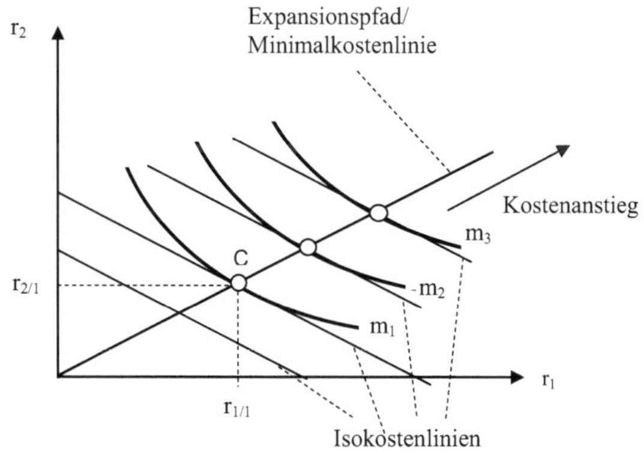

Abbildung 44: Darstellung der Minimalkostenlinie

2.2.5 Berechnungsbeispiele

1. Beispiel:

Einem Unternehmen stehen zur Herstellung eines Produktes zwei Produktionsfaktoren zur Verfügung. Sie sind im Sinne einer peripheren- oder Randsubstitution gegenseitig ersetzbar.
Folgende Werte sind gegeben:

- Produktionsfunktion:
  $m = f(r_1, r_2)$; $m = r_1 \cdot r_2$; $(m = \text{E.} - \text{Stück})$
- Preise der Produktionsfaktoren
  $p_1 = 4$ €/ME (ME = Mengeneinheit)
  $p_2 = 6$ €/ME ;
- zur Verfügung stehendes Gesamtkostenbudget: 72 [€].

Gesucht ist eine solche kostenminimale Faktorkombination (Größe von r_1 und r_2), bei der eine maximale Ausbringungsmenge m unter Einhaltung des Gesamtkostenbudgets erreicht wird (vgl. Wöhe/Kaiser/Döring, 1996, 116).

1. Lösungsvariante:

> Bestimmung der Kostenfunktion oder der Isokostenlinie und Gleichsetzen der Anstiege von Isokostenlinie und isoquanter Produktionsfunktion.

Die Kostenfunktion lautet:
$K = p_1 \cdot r_1 + p_2 \cdot r_2$;
nach Einsetzen der bisher gegebenen Werte gilt:
$72 = 4r_1 + 6r_2$;
die Bestimmung der Isokostenlinie erfolgt durch Umstellen nach r_2,
$r_2 = 12 - \frac{2}{3} r_1$.
Das Gleichsetzen der Anstiege von Isokostenlinie und Produktionsfunktion kann durch das Einsetzen der Isokostengleichung in die Produktionsfunktion erfolgen.

$m = r_1 \cdot r_2$; für r_2 kann die Gleichung der Isokostenlinie eingesetzt werden,
$m = r_1 \cdot \left(12 - \frac{2}{3} r_1\right)$, daraus folgt: $m = 12r_1 - \frac{2}{3} r_1^2$.

Um mit dem gegebenen Kostenbudget von 72 € die maximale Ausbringungsmenge zu erzielen, ist für die Produktionsfunktion der Extremwert zu ermitteln. Dazu ist die erste Ableitung der Produktionsfunktion gleich Null zu setzen.
$m = 12r_1 - \frac{2}{3} r_1^2$; $\frac{dm}{dr_1} = m' = 12 - \frac{4}{3} r_1 = 0$,

nach r_1 aufgelöst ergibt sich: $r_1 = \underline{\underline{9}}\ [ME]$;

$r_2 = 12 - \frac{2}{3} r_1$; $r_2 = 12 - \frac{2}{3} \cdot 9$; daraus folgt: $r_2 = \underline{\underline{6}}\ [ME]$.

Die gesamte Ausbringungsmenge, die sich mit dieser Faktorkombination erzeugen läßt, beträgt:

$m = r_1 \cdot r_2$; $m = 9 \cdot 6 = \underline{\underline{54}}\ [E.-Stück]$

2. Lösungsvariante:

> Gleichsetzen der partiellen Ableitungen der Produktionsfunktion mit dem Verhältnis der Preise der Einsatzfaktoren.

$$\frac{\frac{\delta m}{\delta r_1}}{\frac{\delta m}{\delta r_2}} = \frac{p_1}{p_2} \ ; \quad \frac{\delta m}{\delta r_1} = 1 \cdot r_2 = r_2 ; \quad \frac{\delta m}{\delta r_2} = r_1 \cdot 1 = r_1 \ ; \quad \frac{r_2}{r_1} = \frac{4}{6} \ ; \quad \frac{r_2}{r_1} = \frac{2}{3} \quad \Rightarrow r_2 = \frac{2}{3} r_1 .$$

Setzt den Ausdruck für r_2 in die Kostenfunktion, ergibt sich:

$72 = 4r_1 + 6r_2$; $72 = 4r_1 + 6\left(\frac{2}{3} r_1\right)$;

$72 = 4r_1 + 4r_1$; $72 = 8r_1$; $\Rightarrow$ $r_1 = \underline{\underline{9}}\ [ME]$

$72 = 4r_1 + 6r_2$; $72 - 36 = 6r_2$; $\Rightarrow$ $r_2 = \underline{\underline{6}}\ [ME]$.

2. Beispiel:

Im 2. Beispiel sind aus einer gegebenen Produktionsfunktion und den Faktorpreisen in Abhängigkeit von den Einsatzbedingungen der Produktionsfaktoren die entsprechenden Kostenfunktionen zu entwickeln. Folgende Werte sind gegeben:

- Produktionsfunktion:

  $m = f(r_1, r_2)$; $m = \frac{1}{2} r_1^{\frac{2}{3}} \cdot r_2^{\frac{1}{3}}$;

- Preise der Produktionsfaktoren

  $p_1 = 4$ €/ME

  $p_2 = 16$ €/ME .

Gesucht wird jeweils die **Kostenfunktion in der Form K = f (m)** bei
a) partieller Faktorvariation von r_2 und dem konstant gehaltenen Faktor r_1 mit der Größe $r_1 = 8$ ME und
b) peripherer Faktorvariation unter Beachtung der Minimalkostenkombination.

zu a)

Da nur der Produktionsfaktor r_2 variiert werden kann, besteht hier nicht das Problem der Bestimmung der Minimalkostenkombination. Die Kosten werden sich in Abhängigkeit von der Ausbringungsmenge und damit in Abhängigkeit von der Variation des Faktors r_2 ergeben.
Ausgangspunkt ist der allgemeine Ansatz der Kostenfunktion: $K = p_1 \cdot r_1 + p_2 \cdot r_2$;

werden die bisher gegebenen Werte eingesetzt, ergibt sich: $K = 4 \cdot 8 + 16 r_2$;
damit ist die Kostenfunktion immer noch eine Funktion des Einsatzfaktors r_2, $K = f(r_2)$; gefordert ist aber $K = f(m)$.
Der Faktor r_2 kann mit Hilfe der Produktionsfunktion und dem konstanten Faktor $r_1 = 8$ ausgedrückt und in die Kostenfunktion eingesetzt werden.

$m = \frac{1}{2} r_1^{\frac{2}{3}} \cdot r_2^{\frac{1}{3}}$; wird $r_1 = 8$ eingesetzt, ergibt sich:

$$m = \frac{1}{2} \cdot 8^{\frac{2}{3}} \cdot r_2^{\frac{1}{3}}; \quad \Rightarrow \quad m = \frac{1}{2} \sqrt[3]{8^2} \cdot r_2^{\frac{1}{3}}; \Rightarrow \quad m = \frac{1}{2} \sqrt[3]{64} \cdot r_2^{\frac{1}{3}};$$

$$m = \frac{1}{2} \cdot 4 \cdot r_2^{\frac{1}{3}}; \quad \Rightarrow \quad m = 2 \cdot r_2^{\frac{1}{3}} \quad \Rightarrow \quad \left(\frac{m}{2}\right)^3 = r_2; \qquad \underline{\underline{r_2 = \frac{m^3}{8}}}.$$

Dieser Ausdruck für r_2 wird in die Kostenfunktion eingesetzt.

$$K = 4 \cdot 8 + 16 r_2; \quad \Rightarrow \quad K = 4 \cdot 8 + 16 \cdot \frac{m^3}{8};$$

$$K = \underline{\underline{32 + 2m^3}}$$

Damit ist die Kostenfunktion als K= f (m) dargestellt.

zu b)

Wenn eine periphere Substitution der Produktionsfaktoren möglich ist, kann eine Minimalkostenkombination gefunden werden.
Ausgangspunkt ist der allgemeine Ansatz der Kostenfunktion:
$K = p_1 \cdot r_1 + p_2 \cdot r_2$, die jetzt noch die Form von $K = f(p_i \cdot r_n)$ hat. Die Produktionsfaktoren müssen unter Zuhilfenahme der Produktionsfunktion ersetzt werden, um die Kosten als Funktion der Ausbringungsmenge m darzustellen. Es gilt die Aussage, dass die Minimalkostenkombination dann erreicht ist, wenn sich die Grenzerträge der Produktionsfaktoren verhalten wie ihre Preise.

Demnach gilt:

$$\frac{m'_{r_1}}{m'_{r_2}} = \frac{p_1}{p_2}; \quad \text{oder} \quad \frac{\frac{\delta m}{\delta r_1}}{\frac{\delta m}{\delta r_2}} = \frac{p_1}{p_2};$$

nach der partiellen Ableitung der Produktionsfunktion nach r_1 bzw. r_2 ergibt sich:

$$\frac{\frac{1}{2} \cdot \frac{2}{3} r_1^{-\frac{1}{3}} \cdot r_2^{\frac{1}{3}}}{\frac{1}{2} r_1^{\frac{2}{3}} \cdot \frac{1}{3} \cdot r_2^{-\frac{2}{3}}} = \frac{4}{16} = \frac{1}{4}; \quad \text{durch Kürzen ergibt sich:}$$

$$\frac{2 r_1^{-\frac{1}{3}} \cdot r_2^{\frac{1}{3}}}{r_1^{\frac{2}{3}} \cdot r_2^{-\frac{2}{3}}} = \frac{1}{4}; \text{ durch weiteres Zusammenfassen ergibt sich:}$$

$$2 r_1^{-1} \cdot r_2 = \frac{1}{4}; \quad \Rightarrow \quad \frac{2}{r_1} \cdot r_2 = \frac{1}{4}; \Rightarrow \quad r_1 = \underline{\underline{8 r_2}} \quad \text{oder} \Rightarrow r_2 = \underline{\underline{\frac{r_1}{8}}}.$$

Wenn beispielsweise r_2 in der Produktionsfunktion durch den Ausdruck $r_2 = \frac{r_1}{8}$ ersetzt wird, können die Produktionsfunktion als Gleichung mit einer Unbekannten und die Einsatzfaktoren als Funktion der Ausbringungsmenge ausgedrückt werden.

$$m = \frac{1}{2} r_1^{\frac{2}{3}} \cdot r_2^{\frac{1}{3}}; \qquad r_2 \text{ kann durch den Ausdruck } r_2 = \frac{r_1}{8} \text{ ersetzt werden,}$$

$$m = \frac{1}{2} r_1^{\frac{2}{3}} \cdot \left(\frac{1}{8} r_1\right)^{\frac{1}{3}}; \qquad \text{durch Umformen ergibt sich:}$$

$$m = \frac{1}{2} r_1^{\frac{2}{3}} \cdot \sqrt[3]{\left(\frac{1}{8} r_1\right)} \quad \Rightarrow \quad m = \frac{1}{2} r_1^{\frac{2}{3}} \cdot \sqrt[3]{\frac{1}{8}} \cdot \sqrt[3]{r_1};$$

$$m = \frac{1}{2} r_1^{\frac{2}{3}} \cdot \frac{1}{2} \cdot \sqrt[3]{r_1}; \quad \Rightarrow \quad m = \frac{1}{4} \cdot r_1^{\frac{2}{3}} \cdot \sqrt[3]{r_1}; \quad m = \frac{1}{4} \cdot r_1^{\frac{2}{3}} \cdot r_1^{\frac{1}{3}}; \quad \Rightarrow \quad m = \frac{1}{4} r_1;$$

daraus ergibt sich: $r_1 = \underline{\underline{4m}}$; durch Einsetzen von r_1 in den Ausdruck $r_2 = \frac{r_1}{8}$ ergibt sich: $r_2 = \underline{\underline{\frac{1}{2} m}}$.

Damit sind r_1 und r_2 als Funktion der Ausbringungsmenge m ausgedrückt und können in die Kostenfunktion eingesetzt werden.

Kostenfunktion: $K = p_1 \cdot r_1 + p_2 \cdot r_2$

$$K = 4(4m) + 16\left(\frac{1}{2}m\right)$$

$$K = 16m + 8m$$

$$K = \underline{\underline{24m}} \qquad \Rightarrow \quad K = f(m)$$

Mit diesem Ergebnis ist die Bedingung erfüllt, die Kosten als Funktion der Ausbringungsmenge m unter Beachtung der Minimalkostenkombination zu ermitteln.

2.3 Zusammenfassung
- Kurzcharakteristik der Produktionsfunktion Typ A -

Eine Produktionsfunktion drückt den funktionellen Zusammenhang zwischen der Menge an Endprodukten und der Menge an Einsatzfaktoren aus;

$$m_1, m_2, m_3, ..., m_m = f(r_1, r_2, r_{,3} ..., r_{n-1}, r_n).$$

Die dazugehörige Kostenfunktion drückt den funktionellen Zusammenhang zwischen dem wertmäßigen Verzehr an Produktions- oder Einsatzfaktoren (Kosten) und den Ausbringungsmengen aus; $K_{1,} K_2, K_3, ..., K_j = f(m_1, m_2, m_3, ...m_{m)}.$

Das aus der landwirtschaftlichen Produktion stammende Ertragsgesetz wurde in die Betriebswirtschaftslehre als Produktionsfunktion vom Typ A übernommen. Es ist in der Regel für die Charakterisierung industrieller Prozesse nicht geeignet, bildet aber die Grundlage aller weiteren produktionstheoretischen Untersuchungen. Das Ertragsgesetz geht von der vereinfachten Betrachtung aus, dass bis auf einen Einsatzfaktor alle anderen Faktoren konstant gehalten werden. In Abhängigkeit von der Zunahme des einen variablen Faktors stellt sich zuerst eine progressiv wachsende Ausbringungsmenge, später eine degressiv wachsende Ausbringungsmenge bis zum Maximum ein. Für den Begriff Ausbringungsmenge wird gleichermaßen der Begriff Gesamtertrag als eine mengenmäßige Betrachtung verwendet.
Bewertet man den mengenmäßigen Verbrauch des variablen Einsatzfaktors mit seinem Faktorpreis, so ergeben sich die entsprechenden Kosten für die Erzeugung der Ausbringungsmenge. Bei einer kostentheoretischen Betrachtung ist bedeutsam, dass der am Markt gewünschte Bedarf an Ausbringungsmengen die Basis für die Höhe der Kostenentwicklung ist. Für das Ertragsgesetz wird über die Bildung der Umkehrfunktion zur Produktionsfunktion die ertragsgesetzliche Kostenfunktion abgeleitet. In Abhängigkeit vom Anstieg der Ausbringungsmenge steigen die Gesamtkosten zuerst degressiv und später progressiv. Für kostenoptimale Betrachtungen ist der Bereich um den Wendepunkt der Gesamtkostenfunktion aus betriebswirtschaftlicher Sicht interessant, weil mit dem Steigen oder Fallen der Ausbringungsmenge keine lineare Abhängigkeit des Kostenverhaltens einhergeht.
Alle bisherigen Betrachtungen bezogen sich auf die Variation eines Faktors.
Bei Variation mehrerer substitionaler Produktionsfaktoren ergibt sich das Problem einer kostenminimalen Kombination bei Beibehaltung der geplanten Ausbringungsmenge. Es wurde folgende Aussage abgeleitet und begründet:

Die Minimalkostenkombination ist dann erreicht, wenn sich die Grenzerträge der Produktionsfaktoren verhalten wie ihre Preise.

Kontrollfragen / Übungsaufgaben:

9. Welcher Unterschied besteht zwischen einem substitionalen und einem limitionalen Faktoreinsatz?

10. Welchen Tatbestand beschreibt eine Isoquantendarstellung in einem Ertragsgebirge?

11. Definieren Sie den Begriff Grenzrate der Substitution.

12. Erläutern Sie den Begriff Minimalkostenkombination.

13. Gegeben:
    - Produktionsfunktion: $m = 2r_1 \cdot r_2$;
    - Preise der Einsatzfaktoren:
      p_1= 3 €/ME, p_2= 2 €/ME,
    - die Ausbringungsmenge beträgt: m = 48 E.-Stück.

    a) Ermittle die Minimalkostenkombination der Produktionsfaktoren r_1 und r_2 und berechne die minimalen Gesamtkosten,
    b) Ermittle die Kostenfunktion K = f(m) bei partieller Faktorvariation von r_2 und konstantem Faktor $r_1 = 8$,
    c) Ermittle die Kostenfunktion K = f(m) bei peripherer Faktorvariation unter Beachtung der Minimalkostenkombination.

3 Produktionsfunktion Typ B - Verbrauchsfunktion -

Die Entwicklung der Produktionsfunktion vom Typ B ist eines der wesentlichen Verdienste von E. GUTENBERG (1897-1984). Mit der bisher behandelten Produktionsfunktion vom Typ A (Ertragsgesetz) können industrielle Prozesse nicht oder nur in Einzelfällen beschrieben und modelliert werden. (vgl. Kapitel 2) GUTENBERG versucht mit der Verbrauchsfunktion die Mängel, insbesondere der ertragsgesetzlichen Produktionsfunktion, zu beseitigen.

3.1 Problemdarstellung der Verbrauchsfunktion

Die Beschreibung der Input-Output-Beziehungen in einem industriellen Produktionssystem ist mit der Anwendung der Produktionsfunktion Typ A (Ertragsgesetz) vor allem deshalb nicht möglich, weil

- die Ertragserwirtschaftung (Erzeugen von Ausbringungsmengen) nicht durch das Konstanthalten eines Faktors und der Variabilität nur eines anderen Faktors erfolgt und
- in einem industriellen Prozess, z.B. in einem Mensch-Maschine-System, mehrere Produktionsfaktoren limitional und substitional zum Ertrag beitragen.

Die Grundannahmen der „Gutenberg´schen Produktionstheorie“ lassen sich auf die zwei Sachverhalte:

- die Mittelbarkeit der Input-Output-Beziehungen und
- die nicht freie Variierbarkeit der Faktoreinsatzmengen

zurückführen.

Zur Mittelbarkeit der Input-Output-Beziehungen
Die an einer Produktion beteiligten Produktionsfaktoren gehen auf verschiedene Weise in das Produkt ein. „Bei der Behandlung der Produktionsfaktoren wird zwischen Betriebsmitteln (beispielsweise Maschinen oder Werkzeuge) und den übrigen Produktionsfaktoren (beispielsweise Rohstoffe) unterschieden. Die Betriebsmittel werden von GUTENBERG als Gebrauchsfaktoren, die übrigen Produktionsfaktoren als Verbrauchsfaktoren bezeichnet“ (vgl. Wöhe, 1996, 612). Die Verbrauchsfaktoren, wie Rohstoffe, Material, von Zulieferern bezogene Einzelteile, Baugruppen, usw. gehen unmittelbar in das Endprodukt ein. Die Gebrauchsfaktoren, wie Energie, Werkzeuge, Maschinen, Anlagen, usw. gehen aber nur mittelbar in das Endprodukt ein.
Es wird davon ausgegangen, „dass es keine unmittelbaren Beziehungen zwischen dem Input an Verbrauchsfaktoren und dem Output an Produkten gibt. Stattdessen wird angenommen, dass sowohl der Verbrauch an Produktionsfaktoren als auch der Output von den technischen Eigenschaften des untersuchten Betriebsmittels und der Intensität der Nutzung abhängen“ (vgl. Wöhe. 1996, 621).

Die Produktionsfunktion Typ B interpretiert also, dass es im wesentlichen keine direkten Input-Output-Beziehungen in der Form von: $m = f(r_n)$, - die Ausbringungsmenge m ist eine Funktion der eingesetzten Produktionsfaktoren r_n - gibt, nach der eine (autonome) Faktoränderung zwingend eine Änderung der Ausbringungsmenge m auf der Basis eines funktionalen Zusammenhangs hervorruft. Sondern es schiebt sich zwischen den Einsatzfaktoren und der Ausbringungsmenge ein **Technisches System**. (z.B. Motor, Maschine, Aggregat, Fertigungsanlage, ...)
Den Kernpunkt des GUTENBERG-Ansatzes stellt die **Verbrauchsfunktion** dar. Sie sieht den Faktorverbrauch abhängig von den Eigenschaften des technischen Systems. Aber die Ausbringungsmenge ist sowohl von den Eigenschaften und der Intensität der Nutzung des technischen Systems als auch von der Bereitstellung (systemunabhängiger) Einsatzfaktoren abhängig. Die von der Intensität unabhängigen, aber von der Ausbringungsmenge abhängigen Faktoreinsätze können dann über die Intensität als konstante Verbräuche dargestellt werden, sodass sich bei der Verbrauchsfunktion auf die systemabhängigen Verbräuche konzentriert werden kann. (vgl. Bea, Dichtl, Schweizer, 1994, S 98).

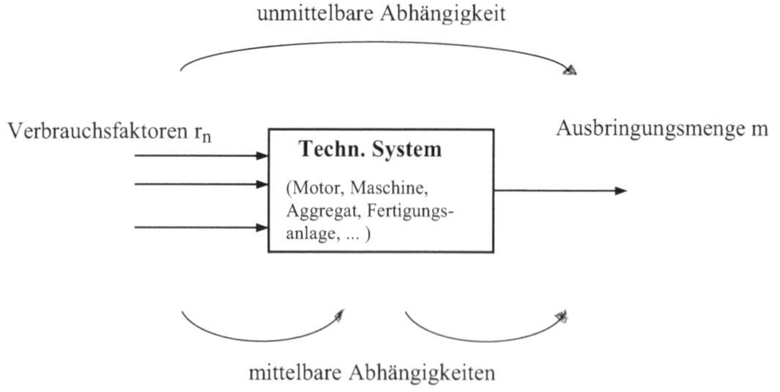

Abbildung 45: Prinzipdarstellung der mittelbaren und unmittelbaren Abhängigkeit von Faktorverbrauch und Ausbringungsmenge

Zur nicht freien Variierbarkeit der Faktoreinsatzmengen
Die nicht freie Variierbarkeit der Faktoreinsatzmengen beruht auf der Tatsache, dass bei industriellen Prozessen stets mehrere Einsatzfaktoren zum Einsatz kommen und deshalb vorwiegend limitionaler Faktoreinsatz vorliegt. Der Verbrauch der Produktionsfaktoren ist durch bestimmte Verhältnisse zueinander und zur Ausbringungsmenge vorbestimmt, damit limitiert. Wenn nun limitionale Faktoreinsatzbedingungen vorliegen, dann kann die Ausbringungsmenge nicht durch die Variation eines einzelnen Faktors (partielle Faktorvariation) verändert werden.
Am Beispiel der Herstellung von Drehteilen soll dieser Sachverhalt erläutert werden. Mit der Bereitstellung einer Drehmaschine, der Bereitstellung von Stangenmaterial und

Elektroenergie und dem Leistungsvermögen des Drehers kann ein bestimmtes Quantum an Drehteilen produziert werden. Durch eine nur verstärkte Zufuhr (Bereitstellung) von Stangenmaterial kann bei Beibehaltung des Niveaus aller anderen Einsatzfaktoren die Ausbringungsmenge nicht gesteigert werden. Es ist auch sofort verständlich, dass die Veränderung der Ausbringungsmenge nicht durch eine Substitution von Einsatzfaktoren möglich ist. Damit wird auch der Beweis erbracht, dass die Produktionsfunktion Typ A (Ertragsgesetz) für industrielle Prozesse in der Regel nicht geeignet ist. Wenn aber der Dreher sein Leistungsvermögen steigert, die Intensität der Nutzung der Drehmaschine erhöht wird, so ist dennoch keine höhere Ausbringungsmenge möglich, wenn nicht gleichzeitig im entsprechenden Verhältnis mehr Stangenmaterial und Elektroenergie bereitgestellt werden. Die Veränderung der Ausbringungsmenge, Steigerung oder Verringerung, wird bei industriellen Prozessen von limitionalen Faktorbeziehungen geprägt.

3.1.1 Leontief-Produktionsfunktion

Die bei vielen industriellen Prozessen vorherrschenden limitionalen Faktoreinsatzverhältnisse führten zur Entwicklung der Leontief-Produktionsfunktion (genannt nach Wassilij Leontief, 1908-1999). Sie ist durch folgende Merkmale gekennzeichnet:

- die Produktionsfaktoren können nicht substituiert werden,
- das Faktoreinsatzverhältnis ist unabhängig von der Ausbringungsmenge stets konstant (limitionale Produktionsfunktion),
- die proportionale Erhöhung der Faktoreinsatzmenge führt zu einer proportionalen Erhöhung der Ausbringungsmenge (linear-homogene Produktionsfunktion),
- eine Erhöhung der Ausbringungsmenge ist durch eine partielle Faktorvariation aufgrund der limitionalen Verhältnisse nicht möglich.

Damit lassen sich Isoquanten einer Leontief-Produktionsfunktion als Geraden darstellen. In Abbildung 46 sind bei Einsatz von zwei Produktionsfaktoren r_1 und r_2 im Verhältnis 1 : 1 für unterschiedliche Ausbringungsmengen m die Isoqanten eingezeichnet. Die Ausbringungsmengen m_1, m_2, m_3 liegen jeweils auf der 45-Grad-Linie. Verschieben sich die Anteilverhältnisse zwischen den Produktionsfaktoren, so schwenkt die Diagonale nach oben oder unten.

Für das Faktoreinsatzverhältnis $\frac{r_1}{r_2} = \frac{2}{1}$ liegen die Ausbringungsmengen m_1 und m_2 auf der nach unten geschwenkten Diagonale (gestrichelt gezeichnet).

Werden bei Bereitstellung der Produktionsfaktoren die Faktoreinsatzverhältnisse nicht beachtet, so werden Produktionsfaktoren bereitgestellt, die nicht vom Prozess aufgenommen werden. Dies hat eine praktische Bedeutung für die Prozesse des Einkaufs und der Materialwirtschaft. Nicht im richtigen Verhältnis eingekaufte Produktionsfaktoren (z.B. Material- oder Bauteilesortiment) führen zum Anwachsen von Lagerbeständen und damit zur Einschränkung der Liquidität.

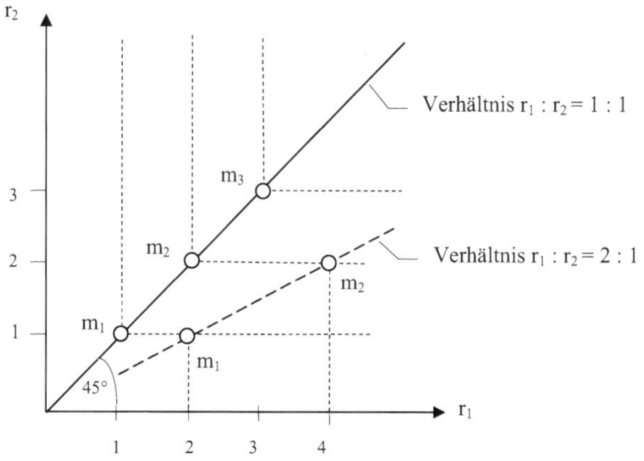

Abbildung 46: Isoquantendarstellung der Leontief-Produktionsfunktion

3.1.2 Der Begriff des technischen Leistungsgrades

Die Begriffe Leistungsgrad, technischer Leistungsgrad, optimaler Leistungsgrad, Intensität, optimale Intensität werden oft in der betriebswirtschaftlichen Literatur synonym verwendet und führen bei der Erläuterung produktionstheoretischer Zusammenhänge zu Verständigungsschwierigkeiten. Deshalb wird für die weitere Behandlung der Produktionsfunktion Typ B eine klare Trennung der Begriffe technischer Leistungsgrad und Intensität vorgenommen.
Der Begriff des **technischen Leistungsgrades** drückt aus, zu welchem mengenmäßigen Ausstoß ein Produktionssystem maximal in einer Zeiteinheit technisch in der Lage sein kann oder zu welcher Fördermenge beispielsweise eine Hydraulikpumpe pro Zeiteinheit auf Grund ihrer technischen Konstruktion maximal in der Lage ist. Der technische Leistungsgrad wird durch spezifische technische Kenngrößen ausgedrückt.

Beispiele:

Kenngrößen	Maßeinheiten
• Volumendurchfluss einer Wasserpumpe	$\left[\frac{m^3}{min}\right]$
• Kapazität einer Fertigungsanlage	$\left[\frac{Stück}{h}\right]$; $\left[\frac{Stück}{Std.}\right]$
• max. Druckerzeugung eines Kompressors	$\left[\frac{N}{m^2}\right]$

- max. Drehmoment bei Kfz.-Motoren $\left[\ldots \text{Nm} \quad \text{bei} \quad \frac{\ldots \text{U}}{\text{min}}\right]$
- Drehzahlangaben bei Maschinen, Motoren $\left[\frac{\text{U}}{\text{min}}\right]; \left[\frac{\text{U}}{\text{s}}\right]; \left[\text{s}^{-1}\right]$
- Verbrauch von Einsatzfaktoren $\left[\frac{\text{l}}{100\ \text{km}}\right]; \left[\frac{\text{kg}}{\text{h}}\right]; \left[\frac{\text{ME}}{\text{E.-Stück}}\right]$
- (max.) Geschwindigkeiten $\left[\frac{\text{m}}{\text{s}}\right]; \left[\frac{\text{km}}{\text{h}}\right]; [\text{mph}]$
- Streckenkraftstoffverbrauch $\left[\frac{\text{l}}{100\ \text{km}}\right]$
- spezifischer Kraftstoffverbrauch $\left[\frac{\text{g}}{\text{KW} \cdot \text{h}}\right]$

Symbolerklärungen:

m	= Meter	km	= Kilometer
h, Std.	= Stunde	E.-Stück	= Erzeugnis-Stück
s	= Sekunde	ME	= Mengeneinheiten
N	= Newton	l	= Liter
g	= Gramm	KW	= Kilowatt
U	= Umdrehung	mph	= miles per hour (Meilen pro Stunde)

Leistungsgrade bzw. **maximale Leistungsgrade** sind durch die Konstruktion einer Maschine, Anlage vorgegeben. Damit sind sie Ausdruck eines **technischen Leistungsgrades**. Je nach Inanspruchnahme des technisch möglichen Leistungsgrades wird sich ein höherer oder niedrigerer Verbrauch an Einsatzfaktoren einstellen. In der Regel verläuft der Verbrauch der Einsatzfaktoren nicht linear in Abhängigkeit vom abgeforderten Leistungsgrad.

3.1.3 Der Begriff der Intensität und der optimalen Intensität

Wird ein technisches Produktionssystem genutzt, z.B. Lackieranlage, Plastespritzmaschine, flexibles Fertigungssystem, dann können diese technischen Systeme bis zu ihrem technisch möglichen maximalen Leistungsgrad in Anspruch genommen werden. Vorerst wird der zu erfüllende Kundenauftrag in einer Zeiteinheit die Inanspruchnahme des Produktionssystems bestimmen. Es ist aber noch nicht ausgesagt, ob der abgeforderte Leistungsgrad auch der ökonomisch günstigste Leistungsgrad ist. Wenn ein nichtlinearer Verbrauch von Produktionsfaktoren existiert, dann kann die Frage gestellt werden, bei welchem Leistungsgrad liegt der minimale Verbrauch der Produktionsfaktoren? Es ist dann zu entscheiden, welcher Leistungsgrad vom System abgefordert werden soll.

Als **Intensität d** bezeichnet man denjenigen Leistungsgrad, der von einem System abgefordert wird. Er kann gleich dem maximal technisch möglichen Leistungsgrad sein oder einem geringeren Niveau entsprechen.

Zum besseren Verständnis des nichtlinearen Verbrauches an Produktionsfaktoren soll dieser Tatbestand am Beispiel der Fahrgeschwindigkeit und des Streckenkraftstoffverbrauches eines PKWs oder LKWs erläutert werden. Auf die Höhe des Streckenkraftstoffverbrauches haben Fahrwiderstände wesentlichen Einfluss. (Luftwiderstand, Rollwiderstand, Beschleunigungswiderstände) In Abbildung 47 wird ersichtlich, daß der minimale Streckenkraftstoffverbrauch bei einer Fahrgeschwindigkeit von ca. 55 km/h liegt. Bei höherer Geschwindigkeit wird sich durch das überproportionale Ansteigen von Luftwiderstand und Rollwiderstand der Streckenkraftstoffverbrauch erhöhen. Bei niedrigerer Geschwindigkeit haben Luftwiderstand und Rollwiderstand einen geringen, aber die Beschleunigungswiderstände einen hohen Einfluss auf den Streckenkraftstoffverbrauch. Gleiche Verhaltensweise kann man beim Verbrauch von Einsatzfaktoren in einer Produktion feststellen.

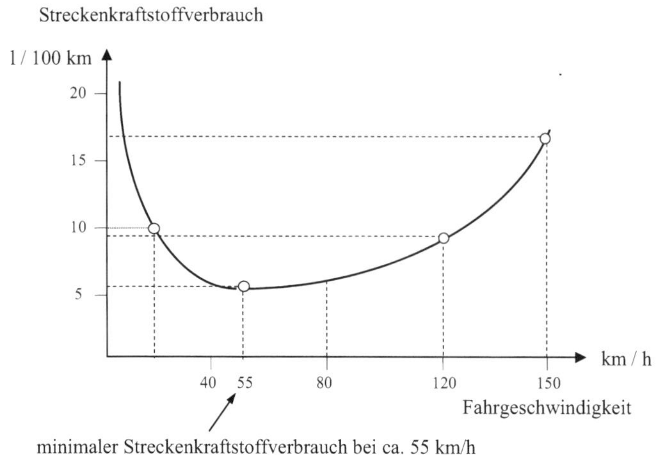

Abbildung 47: Darstellung des Streckenkraftstoffverbrauches über der Fahrgeschwindigkeit

Der Verbrauch von Produktionsfaktoren r_n eines technischen- oder Produktionssystems ist abhängig von:

- den technischen Eigenschaften des Aggregats (z_1, z_2, z_3, ... z_n) und
- der Intensität d (abverlangter Leistungsgrad).

Daraus folgt: $r_n = f(z_1, z_2, z_3,...,z_n; d)$.

In der Praxis können wir davon ausgehen, dass die technischen Eigenschaften des Aggregats während einer Produktionsperiode unverändert bleiben. Damit kann vereinfacht die Abhängigkeit wie folgt formuliert werden:

$$r_n = f(d).$$

Damit ist der Verbrauch von Produktionsfaktoren im Wesentlichen von der Intensität des Produktionssystems/Aggregates abhängig.

Wenn man aus betriebswirtschaftlicher Sicht auf eine Kostenminimierung orientiert, dann ist jene Intensität abzufordern, bei der ein Gesamtkostenminimum aus dem Verbrauch aller eingesetzten Produktionsfaktoren entsteht. Damit kann der Übergang zum Begriff **optimale Intensität** vollzogen werden.

Unter der **optimalen Intensität d_{opt}** versteht man jene Intensität d (abgeforderter technischer Leistungsgrad), bei der das Gesamtkostenminimum aus dem Verbrauch aller am Prozess beteiligten Produktionsfaktoren entsteht.

Der Begriff **optimale Intensität** ist somit stets an das **Gesamtkostenminimum** gebunden. In der Regel fallen bei industriellen Systemen optimale Intensität (abgeforderter technischer Leistungsgrad bei Gesamtkostenminimum) und technisch möglicher Leistungsgrad auseinander.

3.2 Zusammenhang zwischen minimalem Faktorenverbrauch und optimaler Intensität

Faktorverbräuche können einen linearen oder nichtlinearen Verlauf in Abhängigkeit von der abgeforderten Intensität eines Produktionssystems aufweisen. Da die Intensität stets eine spezifische Kenngröße ist, beispielsweise mit der Maßeinheit produzierte Erzeugnis-Stück pro Stunde (allgemein: pro Zeiteinheit), wird der Faktorverbrauch ebenfalls auf das produzierte Erzeugnis-Stück bezogen. Im Gegensatz zur Produktionsfunktion Typ A wird bei der Produktionsfunktion Typ B der Faktorverbrauch immer als spezifische Kenngröße, beispielweise mit der Maßeinheit Mengeneinheit pro Erzeugnis-Stück, der spezifischen Kenngröße der Intensität gegenübergestellt.

In Abbildung 48 werden drei Verbrauchsfaktoren linearen und nichtlinearen Verlaufs in Abhängigkeit von der Intensität d dargestellt. Für eine erste Betrachtung werden

- der Faktorverbrauch r_n mit einer Maßeinheit $\left[\frac{\text{ME}}{\text{E.-Stück}}\right]$; (Mengeneinheiten pro Erzeugnis-Stück) und
- die Intensität d mit einer Maßeinheit $\left[\frac{\text{E.-Stück}}{\text{ZE}}\right]$; (Erzeugnis-Stück pro Zeiteinheit, = Ausstoßmenge pro Zeiteinheit) versehen.

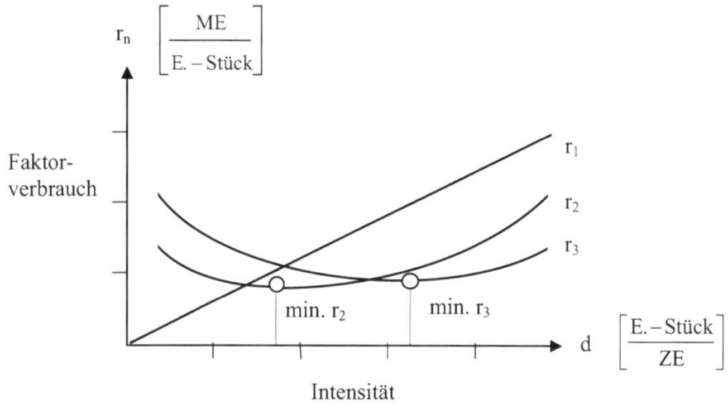

Abbildung 48: Darstellung des Faktorverbrauchs über der Intensität

In Abbildung 48 ist erkennbar, dass keine Intensität bestimmt werden kann, bei der sich ein insgesamt minimaler Faktorverbrauch ergibt. Dafür gibt es folgende Gründe:

- **die unterschiedlichen Kurvenverläufe,**
  durch den linear ansteigenden Verlauf verfügt der Produktionsfaktor r_1 über kein Minimum, das Minimum des Faktors r_2 liegt bei geringer Intensität und das Minimum des Faktors r_3 liegt bei höherer Intensität.
- **die Nichtaddierbarkeit unterschiedlicher Produktionsfaktoren zu einem Gesamtfaktorverbrauch,**
  Faktorverbräuche werden in unterschiedlichen Maßeinheiten gemessen, z.B. Materialverbrauch in kg / E.-Stück, Energieverbrauch in KWh / E.-Stück, Schmierstoffverbrauch (Oel) in Liter / E.-Stück usw.; diese Maßeinheiten sind nicht zu einer einheitlichen Maßeinheit addierbar.

Es ist die Frage zu beantworten, mit welcher Intensität d soll das Produktionssystem betrieben werden? Bisher können wir keine eindeutige Antwort geben, weil die unterschiedlichen Faktorverbrauchsverläufe einschließlich ihrer differenzierten Maßeinheiten sich nicht zu einem Gesamtfaktorverbrauch addieren lassen.
Eine Lösung des Problems ist nur über eine Bewertung des Faktorverbrauchs möglich. Wird der Faktorverbrauch (mengenmäßiger Verbrauch) mit seinem jeweiligen Preis multipliziert, erhält man einen in Geldeinheiten bewerteten Faktorverbrauch. Das nachfolgende Demonstrationsbeispiel soll den Übergang vom mengenmäßigen Verbrauch zum wertmäßigen Faktorverbrauch darstellen.
Beispiel: Bei der Herstellung eines Produktes werden bei einer definierten Intensität d folgende vier Produktionsfaktoren verbraucht:

r_1 = Materialverbrauch, (z.B. Bleche), gemessen in $\left[\frac{m^2}{E.-Stück}\right]$

r_2 = Verbrauch Elektroenergie, gemessen in $\left[\frac{kWh}{E.-Stück}\right]$

r_3 = Materialverbrauch, (z.B. Farbe), gemessen in $\left[\frac{kg}{E.-Stück}\right]$

r_4 = Verbrauch an Arbeitszeit, gemessen in $\left[\frac{h}{E.-Stück}\right]$

In dieser Weise lassen sich die vier Produktionsfaktoren nicht zu einem Gesamtverbrauch an Faktoreinsatzmenge pro Erzeugnis-Stück zusammenfassen. Es erfolgt eine Vergleichbarmachung über die Einbeziehung der Preise (Wertgröße).

p_1 = Preis für Produktionsfaktor r_1, gemessen in $\left[\frac{€}{m^2}\right]$

p_2 = Preis für Produktionsfaktor r_2, gemessen in $\left[\frac{€}{kWh}\right]$

p_3 = Preis für Produktionsfaktor r_3, gemessen in $\left[\frac{€}{kg}\right]$

p_4 = Lohn für eine Arbeitsstunde, gemessen in $\left[\frac{€}{h}\right]$

Multipliziert man die Produktionsfaktoren mit ihren Preisen, so ergibt sich eine vergleichbare Maßeinheit.

$$r_1 \cdot p_1 \quad \Rightarrow \left[\frac{m^2}{E.-Stück}\right] \cdot \left[\frac{€}{m^2}\right] \quad = \quad \left[\frac{€}{E.-Stück}\right]$$

$$r_2 \cdot p_2 \quad \Rightarrow \left[\frac{kWh}{E.-Stück}\right] \cdot \left[\frac{€}{kWh}\right] \quad = \quad \left[\frac{€}{E.-Stück}\right]$$

$$r_3 \cdot p_3 \quad \Rightarrow \left[\frac{kg}{E.-Stück}\right] \cdot \left[\frac{€}{kg}\right] \quad = \quad \left[\frac{€}{E.-Stück}\right]$$

$$r_4 \cdot p_4 \quad \Rightarrow \left[\frac{h}{E.-Stück}\right] \cdot \left[\frac{€}{h}\right] \quad = \quad \left[\frac{€}{E.-Stück}\right].$$

Über die Einbeziehung der Preise sind alle Produktionsfaktoren in ihrem wertmäßigen Verzehr addierbar und lassen sich zu einem Gesamtverzehr mit der Maßeinheit $\left[\frac{€}{E.-Stück}\right]$ zusammenfassen.

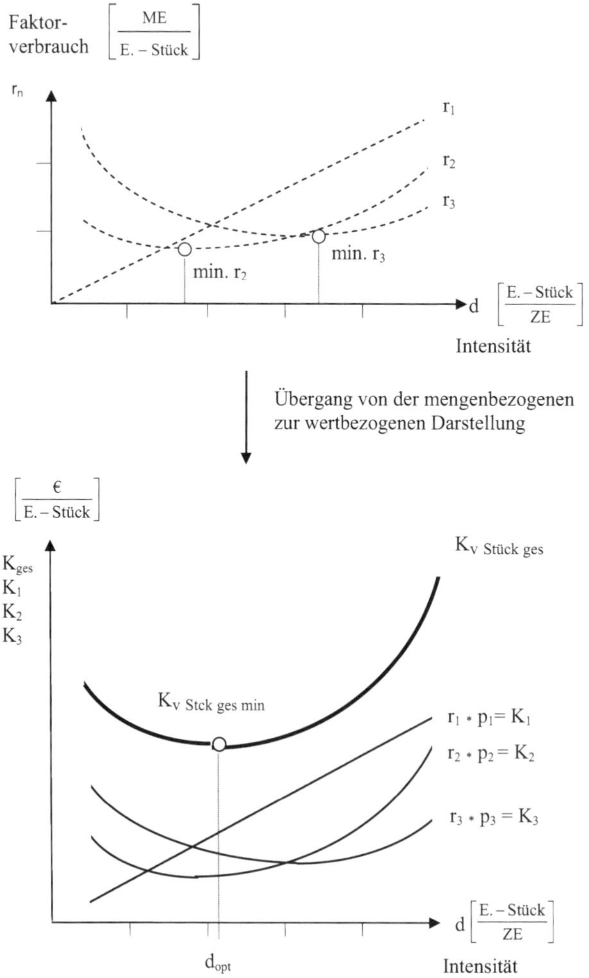

Abbildung 49: Übergang von der mengenbezogenen Darstellung des Faktorverbrauchs zur wertbezogenen Darstellung des Faktorverbrauchs (Kosten) über der Intensität d

In einem Kosten-Intensitäts-Diagramm wird der wertmäßige Verbrauch der einzelnen Produktionsfaktoren mit Hilfe von Kosten-Kurvenverläufen dargestellt. Durch Addition dieser einzelnen Kurven K_1, K_2 und K_3 kann eine (wertbezogene) Gesamtverbrauchskurve eingezeichnet werden. Der wertmäßige Ausdruck des Faktorverbrauches stellt eine variable Kostengröße dar, die Gesamtkosten werden damit als variable Gesamtkosten $K_{v_{ges}}$ bezeichnet.

In Abbildung 49 wird der Übergang von der mengenbezogenen Darstellung des Faktorverbrauches zur wertbezogenen Darstellung gezeigt.
Jetzt kann die Frage beantwortet werden, mit welcher Intensität d ein Produktionssystem betrieben werden sollte. Der variable Gesamtkostenverlauf lässt die Bestimmung eines Gesamtkostenminimums aus den unterschiedlichen Kostenverläufen einzelner Produktionsfaktoren zu.

Das Produktionssystem sollte mit jener Intensität d betrieben werden, bei der sich das Gesamtkostenminimum ergibt.

Sie wird als optimale Intensität d_{opt} bezeichnet (vgl. Abbildung 49).

3.3 Berechnungsbeispiele

1. Beispiel
Beim Betrieb einer Produktionsanlage stellt sich der Verbrauch von zwei Einsatzfaktoren (Produktionsfaktoren) r_1 und r_2 in Abhängigkeit von der Intensität d ein.
Damit kann der Faktorverbrauch wie folgt formuliert werden: $r_1 = f(d)$; $r_2 = f(d)$.

Die Intensität d der Produktionsanlage soll gemessen werden in einer Ausstoßmenge (Erzeugnis-Stück) pro Zeiteinheit, Maßeinheit $\left[\frac{\text{E.-Stück}}{\text{ZE}}\right]$.

Der Faktorverbrauch wird gemessen in Mengeneinheiten pro Erzeugnis-Stück, Maßeinheit $\left[\frac{\text{ME}}{\text{E.-Stück}}\right]$.

Die Höhe des Faktorverbrauches stellt sich in Abhängigkeit von der Intensität d unterschiedlich ein. Der Faktorverbrauch soll nach folgender Funktion (Verbrauchsfunktion) verlaufen:

$$r_1 = f(d) \quad \Rightarrow \quad r_1 = (2d^2 - 16d + 40)\ ; \quad r_2 = f(d) \quad \Rightarrow \quad r_2 = (2{,}5d^2 - 28d + 80).$$

Die Preise für die Einsatzfaktoren betragen:

$$p_1 = 6{,}\text{--} \left[\frac{€}{\text{ME}}\right]\ ; \quad p_2 = 8{,}\text{--} \left[\frac{€}{\text{ME}}\right].$$

Aufgabenstellung:

a) Ermitteln Sie die optimale Intensität d_{opt} ,

b) Wie hoch sind die variablen Gesamt-Stückkosten $K_{v\ \text{Stück ges}}$ bei der optimalen Intensität d_{opt} ?

zu a)

Gemäß Abbildung 49 wissen wir, dass die optimale Intensität d_{opt} durch das variable Gesamt-Stückkostenminimum $K_{v\ Stück\ ges.}$ bestimmt wird. Dazu ist das Aufstellen der variablen Gesamkostenfunktion notwendig. Im Beispiel ergeben sich die variablen Gesamt-Stückkosten aus den Kosten K_1 und K_2 für den Verbrauch der Einsatzfaktoren r_1 und r_2.

Es gilt: $K_{v_{Stck_{ges}}} = K_1 + K_2$; daraus folgt:

$K_{v_{Stck_{ges}}} = p_1 \cdot r_1 + p_2 \cdot r_2$. (variable Gesamt-Stückkostenfunktion)

Da wir die Höhe des Verbrauches von r_1 und r_2 in Abhängigkeit von unterschiedlichen Intensitäten d nicht kennen, werden in die variable Gesamt-Stückkostenfunktion anstelle von r_1 und r_2 ihre Verbrauchsverläufe (Verbrauchsfunktionen) eingesetzt. Daraus ergibt sich:

$$K_{v_{Stck\ ges}} = p_1\left(2d^2 - 16d + 40\right) + p_2\left(2{,}5d^2 - 28d + 80\right)$$

Durch Einsetzen der Preise für die Einsatzfaktoren in die Gleichung ergibt sich:

$$K_{v_{Stck\ ges}} = 6\left(2d^2 - 16d + 40\right) + 8\left(2{,}5d^2 - 28d + 80\right)$$

$$K_{v_{Stck\ ges}} = 12d^2 - 96d + 240 + 20d^2 - 224d + 640$$

$$K_{v_{Stck\ ges}} = 32d^2 - 320d + 880$$

Die variable Gesamt-Stückkostenfunktion hat einen quadratischen Verlauf, sodass eine Extremwertberechnung möglich ist.
Wird die erste Ableitung der variablen Gesamt-Stückkostenfunktion gleich Null gesetzt, lassen sich die Extremwerte der Funktion ermitteln. Mit Hilfe der zweiten Ableitung kann das Maximum oder Minimum bestimmt werden.

$$\frac{dK_{v_{Stck\ ges}}}{dd} = K_{v_{Stck\ ges}}{}' = 64d - 320 \; ; \qquad K_{v_{ges}}{}' = 64d - 320 = 0$$

$$64d - 320 = 0 \; ; \Rightarrow \quad d = \underline{\underline{5}} \quad \left[\frac{E.-Stück}{ZE}\right];$$

Ergibt die zweite Ableitung der variablen Gesamt-Stückkostenfunktion einen positiven Wert, ist das Minimum nachgewiesen.

$$K_{v_{Stck\ ges}}{}'' = 64 \quad \Rightarrow \text{Minimum.}$$

Die ermittelte Intensität d = 5 liegt im Gesamt-Stückkostenminimum, sodass diese Intensität die optimale Intensität darstellt. Daraus ergibt sich:

$$d_{opt} = \underline{\underline{5}} \quad \left[\frac{E.-Stück}{ZE}\right].$$

zu b)

Die variablen Gesamt-Stückkosten $K_{v\,Stück_{ges}}$ lassen sich mit Hilfe der variablen Gesamt-Stückkostenfunktion bestimmen.

$$K_{v_{Stck_{ges}}} = p_1 \cdot r_1 + p_2 \cdot r_2 \qquad \left[\frac{€}{ME} \cdot \frac{ME}{E.-Stück} = \frac{€}{E.-Stück}\right]$$

$$K_{v_{Stck_{ges}}} = 32d^2 - 320d + 880$$

In die variable Gesamt-Stückkostenfunktion wird der ermittelte Wert für die optimale Intensität $d_{opt} = 5$ eingesetzt.

$$K_{v_{Stck_{ges}}} = 32 \cdot 5^2 - 320 \cdot 5 + 880$$

$$K_{v_{Stck_{ges}}} = 800 - 1600 + 880 \;\Rightarrow\; K_{vStck_{ges}} = \underline{\underline{80}} \;\left[\frac{€}{E.-Stück}\right].$$

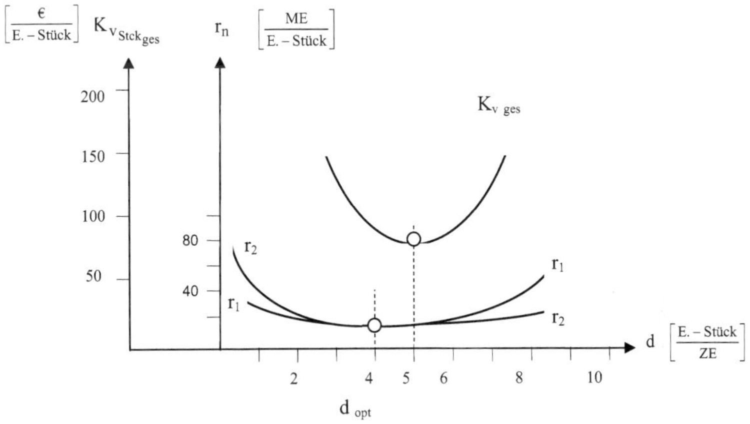

Abbildung 50: Verlauf der variablen Gesamt-Stückkosten und des Verbrauchs der Einsatzfaktoren in Abhängigkeit von der Intensität

In Abbildung 50 sind die Verläufe des mengenmäßigen Faktorverbrauchs und der variablen Gesamt-Stückkosten in einem überlagerten Faktorverbrauch-Intensitäts-Diagramm und einem Kosten-Intensitäts-Diagramm zeichnerisch dargestellt.

2. Beispiel

Für einen Fertigungsprozess verläuft der Verbrauch an Produktionsfaktoren in Abhängigkeit von der Intensität d wie folgt:

$r_1 = 0{,}1d^2 - 1{,}6d + 8 \; \left[\frac{ME}{E.-Stück}\right]; \qquad r_2 = 0{,}5d \; \left[\frac{ME}{E.-Stück}\right];$

Preise der Produktionsfaktoren : $p_1 = 10 \left[\frac{€}{ME}\right]$; $p_2 = 5 \left[\frac{€}{ME}\right]$;

Intensität d wird gemessen in: $\left[\frac{E.-Stück}{h}\right]$.

Aufgabenstellung:

a) Bestimme die opt. Intensität des Fertigungsprozesses,

b) Wie hoch sind die minimalen variablen Gesamt-Stückkosten $K_{v_{Stück_{ges\,min}}}$,

c) Wie hoch sind die Intensität d und die variablen Gesamt-Stückkosten $K_{v_{Stück_{ges}}}$, wenn der Verbrauch des Einsatzfaktors r_1 minimiert werden muss?

Lösung:

zu a)

$$K_{v_{Stck_{ges}}} = p_1 \cdot r_1 + p_2 \cdot r_2 \qquad \left[\frac{€}{E.-Stück}\right]$$

$$K_{v_{Stck_{ges}}} = p_1\left(0{,}1d^2 - 1{,}6d + 8\right) + p_2(0{,}5d)$$

$$K_{v_{Stck_{ges}}} = 10\left(0{,}1d^2 - 1{,}6d + 8\right) + 5(0{,}5d)$$

$$K_{v_{Stck_{ges}}} = d^2 - 16d + 80 + 2{,}5d \quad \Rightarrow \quad K_{v_{Stck_{ges}}} = d^2 - 13{,}5d + 80$$

$$K_{v_{Stck_{ges}}}' = 2d^2 - 13{,}5 \;=\; 0 \quad \Rightarrow \quad d_{opt} = \underline{\underline{6{,}75}} \quad \left[\frac{E.-Stück}{h}\right]$$

zu b)

$$K_{v_{Stck\,ges}} = p_1 \cdot r_1 + p_2 \cdot r_2 \qquad \left[\frac{€}{E.-Stück}\right]$$

$$K_{v_{Stck_{ges}}} = d^2 - 13{,}5d + 80 \;; \quad (d_{opt} = 6{,}75 \quad \text{einsetzen}),$$

$$K_{v_{Stck_{gesmin}}} = 45{,}56 - 91{,}13 + 80 ; \; K_{vges_{min}} = \underline{\underline{34{,}43}} \quad \left[\frac{€}{E.-Stück}\right]$$

zu c)

Wenn der Verbrauch des Einsatzfaktors r_1 minimiert werden muss, so ist die erste Ableitung der Verbrauchsfunktion von r_1 gleich Null zu setzen und daraus die entsprechende Intensität zu berechnen.

$$r_1 = 0{,}1d^2 - 1{,}6d + 8$$

$$\frac{dr_1}{dd} = r_1' = 0{,}2d - 1{,}6 \;=\; 0 ; \quad \Rightarrow \quad d = \underline{\underline{8}} \quad \left[\frac{E.-Stück}{h}\right].$$

Die variablen Gesamt-Stückkosten ergeben sich bei veränderter Intensität von d = 8 wie folgt:

$$K_{v_{Stck\,ges}} = p_1 \cdot r_1 + p_2 \cdot r_2 \qquad \left[\frac{€}{E.-Stück}\right]$$

$$K_{v_{Stck\,ges}} = d^2 - 13{,}5d + 80 \;; \quad (d = 8 \quad \text{einsetzen}),$$

$$K_{v_{Stck\,ges}} = 64 - 108 + 80 \;; \quad \Rightarrow \quad K_{v_{ges}} = \underline{\underline{36}} \quad \left[\frac{€}{E.-Stück}\right].$$

3.4 Zusammenfassung - Kurzcharakteristik der Produktionsfunktion Typ B -

Der funktionale Zusammenhang zwischen den Ausbringungsmengen und den Faktoreinsatzmengen ist bei der Produktionsfunktion vom Typ B besonders gekennzeichnet durch:

- **Die mittelbaren Input-Output-Beziehungen**
Die an einer Produktion beteiligten Produktionsfaktoren gehen auf verschiedene Weise in das Produkt ein. Die Verbrauchsfaktoren, wie Rohstoffe, Material, von Zulieferern bezogene Einzelteile, Baugruppen, usw. gehen unmittelbar in das Endprodukt ein. Die Gebrauchsfaktoren, wie Energie, Werkzeuge, Maschinen, Anlagen, usw. gehen aber nur mittelbar in das Endprodukt ein. Es wird davon ausgegangen, dass es keine unmittelbaren Beziehungen zwischen dem Input an Verbrauchsfaktoren und dem Output an Produkten gibt. Stattdessen wird angenommen, dass sowohl der Verbrauch an Produktionsfaktoren als auch der Output von den technischen Eigenschaften des untersuchten Betriebsmittels und der Intensität der Nutzung abhängen.

- **Die nicht freie Variierbarkeit der Faktoreinsatzmengen**
Die nicht freie Variierbarkeit der Faktoreinsatzmengen beruht auf der Tatsache, dass bei industriellen Prozessen stets mehrere Einsatzfaktoren zum Einsatz kommen und deshalb vorwiegend limitionaler Faktoreinsatz vorliegt. Der Verbrauch der Produktionsfaktoren ist durch bestimmte Verhältnisse zueinander und zur Ausbringungsmenge vorbestimmt, damit limitiert. Wenn nun limitionale Faktoreinsatzbedingungen vorliegen, dann kann die Ausbringungsmenge nicht durch die Variation eines einzelnen Faktors (partielle Faktorvariation) verändert werden.

Die Produktionsfunktion Typ B beinhaltet im Wesentlichen keine direkten Input-Output-Beziehungen, nach der eine (autonome) Faktoränderung zwingend eine Änderung der Ausbringungsmenge m auf der Basis eines funktionalen Zusammenhangs hervorruft. Sondern es schiebt sich zwischen den Einsatzfaktoren und der Ausbringungsmenge ein technisches System. (z.B. Motor, Maschine, Aggregat, Fertigungsanlage, ...) Den Kernpunkt des GUTENBERG-Ansatzes stellt die Verbrauchsfunktion dar. Sie sieht den Faktorverbrauch abhängig von den Eigenschaften des technischen Systems.

Die Begriffe technischer Leistungsgrad, Intensität und optimale Intensität sind wesentliche Begriffe zur Definierung des mengen- und wertmäßigen Verbrauchs der Einsatzfaktoren. Da der mengenmäßige Verbrauch aller Einsatzfaktoren aufgrund unterschiedlicher Messgrößen nicht zu einem Gesamtverbrauch addiert werden kann, ist der Gesamt-Faktorverbrauch nur über eine wertmäßige Betrachtung ausweisbar. Der einzelne Faktorverbrauch muss jeweils mit dem dazugehörigen Preis bewertet werden. In der Addition aller bewerteten Faktorverbräuche kann der Gesamtfaktorverbrauch als Gesamtkosten ausgewiesen werden. Das Betreiben einer Anlage mit optimaler Intensität bedeutet, dass genau bei dieser Intensität das Gesamtkostenminimum liegt. Die technischen Eigenschaften von Produktionssystemen lassen auch andere Intensitäten zu. Aber ein Abweichen von der optimalen Intensität bedeutet in jedem Falle einen Stückkostenanstieg.

Kontrollfragen / Übungsaufgaben

14. Warum ist die Anwendung der Produktionsfunktion A -Ertragsgesetz- für die Beschreibung der funktionalen Zusammenhänge bei industriellen Prozessen nicht geeignet?
15. Durch welche Sachverhalte ist die Produktionsfunktion B -Verbrauchsfunktion- besonders gekennzeichnet?
16. Erläutern Sie die Begriffe technischer Leistungsgrad, Intensität und optimale Intensität.
17. Produktionsfunktion B

    Zur Produktherstellung auf einer Fertigungsanlage werden 2 Einsatzfaktoren benötigt, für die folgende Funktionen für den Faktorverbrauch (ME/E.-Stück) in Abhängigkeit von der Intensität d (E.-Stück/h) gegeben sind:

    Einsatzfaktoren: $r_1 = 2d^2 - 16d + 40 \left[\frac{\text{ME}}{\text{Stück}}\right]$; $r_2 = d^2 - 14d + 60 \left[\frac{\text{ME}}{\text{Stück}}\right]$

    Preise der Einsatzfaktoren: $p_1 = 2 \left[\frac{€}{\text{ME}}\right]$; $p_2 = 2 \left[\frac{€}{\text{ME}}\right]$

    Zu berechnen sind:

    a) Wieviel Mengeneinheiten der Faktoren r_1 und r_2 werden täglich verbraucht, wenn die Maschine mit optimaler Intensität läuft und 8 Stunden in Betrieb ist?
    b) Wie hoch ist die tägliche Ausbringungsmenge m?
    c) Wie viel Mengeneinheiten von r_1 werden bei gleicher Produktionsmenge täglich verbraucht, wenn wegen Bereitstellungsschwierigkeiten der Produktionsfaktor r_1 minimiert werden muss? Der Ausfall von r_1 wird durch Mehreinsatz von r_2 ausgeglichen. Welche Höhe hat dann r_2?
    d) Wie hoch sind die minimalen variablen Gesamt-Stückkosten $K_{v\text{Stück}_{ges}}$?

4 Aus Verbrauchsfunktionen abgeleitete Kostenverläufe

Auf der Basis der ermittelten Produktionsfunktion lässt sich die Gesamtkostenfunktion eines Betriebes in Abhängigkeit von der am Markt geforderten Ausbringungsmenge und der Preise der jeweiligen Einsatzfaktoren bestimmen. Die Gesamtkostenfunktion kann sehr unterschiedliche Verläufe aufweisen. „Sowohl lineare, progressive, degressive, S-förmige als auch jede andere Form von Gesamtkostenverläufen sind denkbar. Im Gegensatz zum Ertragsgesetz gibt es also keinen „gesetzmäßigen", sondern einen aus der betriebsindividuellen Produktionstechnik abgeleiteten Verlauf der Gesamtkostenfunktion" (Wöhe, 1996, 528). Die Veränderung der Ausbringungsmenge wird durch die schwankenden Bedürfnisse des Marktes hervorgerufen. Deshalb entstehen für einen Betrieb periodenabhängig unterschiedliche Auftragslagen, in der betriebswirtschaftlichen Literatur als Beschäftigungslagen bezeichnet. Unterschiedliche Beschäftigungslagen führen zu unterschiedlichen Faktorverbräuchen und damit zu unterschiedlichen periodenabhängigen oder auftragslagenabhängigen Kostenverläufen.

4.1 Formen der Anpassung an veränderte Beschäftigungslagen

Verändert sich die Ausbringungsmenge eines Betriebes, so ändern sich die Gesamtkosten. Sie hängen jedoch nicht unmittelbar von der Ausbringungsmenge ab, sondern variieren entsprechend der zugrunde gelegten Verbrauchsfunktion. In Abschnitt 3.1 wurde festgestellt, dass die Ausbringungsmenge nur mittelbar von den Faktoreinsatzmengen abhängig ist. „Die Faktoreinsatzmengen wiederum variieren abhängig von der Anzahl der zur Produktion eingesetzten Aggregate, von der Intensität und von der Einsatzzeit. Somit gibt es verschiedene Möglichkeiten, die Ausbringungsmenge zu verändern, also an unterschiedliche Beschäftigungslagen anzupassen" (Wöhe, 1996, 529). Entsprechend der Vielfalt der Produktionsfaktoren und ihrer Verbrauchsvariation unterscheiden wir folgende Kostenverläufe als Folge der Anpassung an sich ändernde Beschäftigungslagen:
Kostenverlauf bei:

- zeitlicher Anpassung,
- intensitätsmäßiger Anpassung,
- zeitlich - intensitätsmäßiger Anpassung,
- quantitativer Anpassung,
- qualitativer Anpassung (selektive Anpassung),
- kombinierter Anpassung (Kombination aus vorher genannten Anpassungsformen).

Die aus den Verbrauchsfunktionen (Produktionsfunktion Typ B) abgeleiteten Kostenverläufe können sehr unterschiedliche Verläufe annehmen und sind in der industriellen Produktion in der Regel das Ergebnis technisch bedingter Verbrauchsfunktionen in Abhängigkeit vom Aggregat, von der Maschine oder vom Produktionssystem. Die Theorie der Verbrauchsfunktion geht davon aus, dass die Ausbringungsmenge m bestimmt wird von:

- der Betriebszeit (Produktionszeit),

- der Intensität der menschlichen und maschinellen Arbeitsleistungen (Intensität der Potentialfaktoren),
- der Menge der eingesetzten Produktionsfaktoren (Einsatzfaktoren).

Damit stehen verschiedene Möglichkeiten zur Verfügung, sich ändernden Beschäftigungslagen anzupassen. Die nachfolgenden drei Anpassungskomplexe sollen wichtige Kombinationsmöglichkeiten kurz erläutern.

Anpassungskomplex 1
Die Anzahl und die Qualität der Potentialfaktoren bleiben konstant, es erfolgt
- bei konstanter Intensität eine zeitliche Anpassung, z.B. durch längere oder kürzere Arbeitszeit/Laufzeit der Maschine,
- bei konstanter Arbeitszeit/Laufzeit eine intensitätsmäßige Anpassung, z.B. durch höhere oder niedrigere Laufgeschwindigkeit von Montagebändern,
- eine Kombination aus zeitlicher und intensitätsmäßiger Anpassung.

Alle diese Anpassungen führen zu einer unterschiedlichen Kosteninanspruchnahme, z.B. durch Überstundenarbeit, höheren Verschleiß, erhöhten Energieverbrauch, usw.

Anpassungskomplex 2
Die Menge der Potentialfaktoren gleicher Qualität wird vergrößert/verringert (Verkauf von Betriebsmitteln, Umsetzung/Entlassung von Arbeitskräften). Wir sprechen dabei von einer quantitativen Anpassung. Eingeschlossen in die quantitative Anpassung ist auch eine grundsätzliche Betriebsgrößenveränderung als Maßnahme einer langfristigen Anpassung. Daraus ergeben sich Konsequenzen für die Kosteninanspruchnahme, z.B. durch besondere Regelungen zum Kündigungsschutz, durch zeitweise Konservierung von Maschinen oder durch erhöhte Kosten für die Aussonderung und Entsorgung von Produktionsanlagen.
Beispiel: Anpassung an niedrigere Beschäftigungslagen

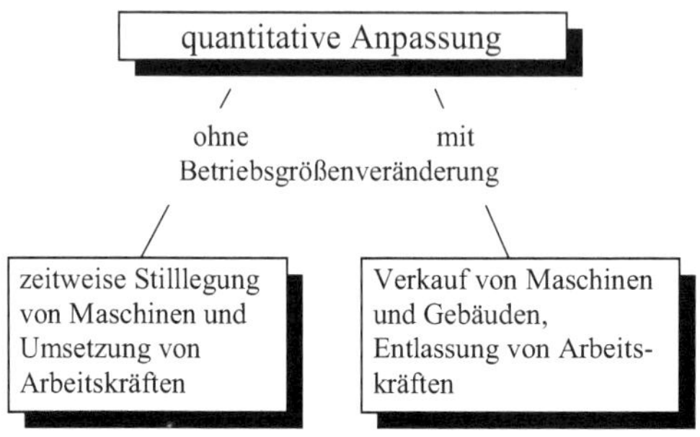

Abbildung 51: Prinzipdarstellung der quantitativen Anpassung

Anpassungskomplex 3

Die qualitative Zusammensetzung der Potentialfaktoren wird verändert. So können beispielsweise bei zeitweiser Verringerung der Beschäftigung kostenungünstigere Maschinen zuerst stillgelegt werden. Bei Einsatz von Arbeitskräften ist auf die anforderungsgerechte Qualifikation und Entlohnung zu achten. Übertriebene Qualifikationsanforderungen und überdurchschnittliche Berufserfahrungen für den Einsatz von Arbeitskräften bei weniger anspruchsvollen Aufgaben führen einerseits zur Blockierung des Kreativitätspotentials und anderseits zu Kostenerhöhungen bei qualifikationsabhängiger Entlohnung.

In den nachfolgenden Abschnitten wird die zeitliche und intensitätsmäßige Anpassung sowie deren Kombination als zeitlich-intensitätsmäßige Anpassung behandelt und durch Berechnungsbeispiele gefestigt.

4.2 Kostenverläufe ausgewählter Anpassungsformen

Vor der Behandlung der zeitlichen und intensitätsmäßigen Anpassung sowie deren Kombination werden die theoretischen Zusammenhänge zwischen diesen Anpassungsformen anhand eines Intensitäts-Zeit-Diagrammes dargestellt. Den Ausgangspunkt der Betrachtung bildet folgender Zusammenhang:

Ausbringungsmenge = Fertigungszeit * Intensität

$$m = t \cdot d \; ; \quad \left[\text{Stück} = \text{h} \cdot \frac{\text{Stück}}{\text{h}} \right].$$

Wird die Ausbringungsmenge m konstant gesetzt, so kann die konstante Ausbringungsmenge m_c durch jeweils entgegengesetzte Variation von Fertigungszeit t und Intensität d erreicht werden (geringe Zeit t und höhere Intensität d oder umgekehrt). Damit lassen sich in einem Intensitäts-Zeit-Diagramm (d-t-Diagramm) unterschiedliche Ausbringungsmengen m_c jeweils als Isoquanten (Kurven konstanter Ausbringungsmenge, m_1, m_2, m_3, ...) einzeichnen.

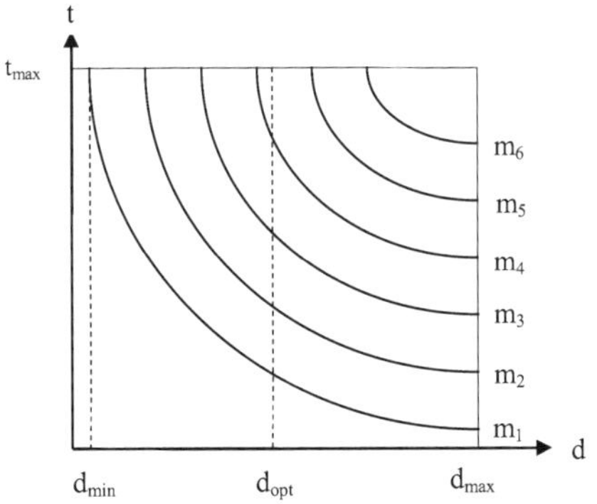

Abbildung 52: Verläufe von Isoquanten in einem Intensitäts-Zeit-Diagramm

4.2.1 Kostenverlauf bei zeitlicher Anpassung

Das Grundprinzip der Veränderung der Ausbringungsmengen bei zeitlicher Anpassung besteht darin, dass man bei einer definierten Intensität durch die Veränderung der Fertigungszeit t eine Erhöhung der Ausbringungsmenge erreicht.

In Abbildung 53 ist die Erhöhung der Ausbringungsmenge von m_1 auf m_4 gekennzeichnet. Bei Verringerung der Beschäftigung wird durch die Verringerung der Fertigungszeit t bei einer definierten Intensität die Ausbringungsmenge abgesenkt. In Abbildung 53 ist ebenfalls die Absenkung der Ausbringungsmenge m_2 auf m_1 bei einer definierten Intensität d_1 eingezeichnet. Es ist die Frage zu beantworten, wie verändern sich bei Zeitvariationen die variablen Stückkosten und damit die variablen Gesamtkosten. In Abschnitt 4.2 wurde der nichtlineare Verlauf der Kostenfunktion in Abhängigkeit von der Intensität d behandelt. Wir wissen, dass bei der optimalen Intensität d_{opt} die variablen Gesamt-Stückkosten ihr Minimum erreichen . (vgl. Abbildung 49)

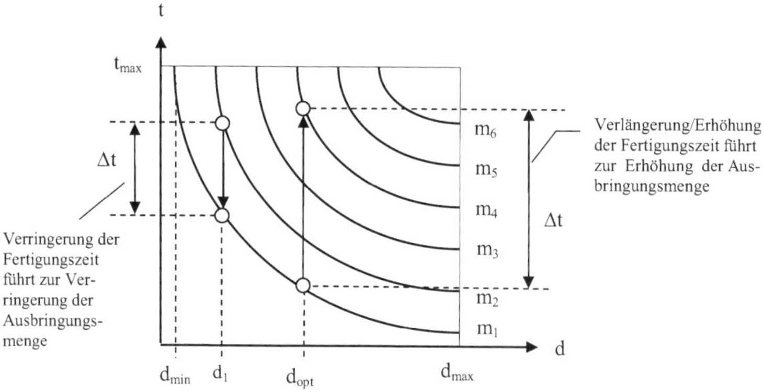

Abbildung 53: Darstellung der zeitabhängigen Veränderung der Ausbringungsmengen bei definierten Intensitäten

Bei zeitlicher Anpassung verändern wir aber nicht die Intensität d, sodass die intensitätsabhängigen variablen Stückkosten auch bei verlängerter Fertigungszeit konstant bleiben. Es wird „lediglich“ eine Erhöhung der variablen Stückkosten durch die Inanspruchnahme von Überstunden (erhöhte Lohnzuschläge, usw.) eintreten.
In Verbindung mit Abschnitt 4.2.3 (Kostenverlauf bei intensitätsmäßiger Anpassung) sei bemerkt, dass spätere Vergleichsrechnungen zwischen zeitlicher und intensitätsmäßiger Anpassung zur Aussage führen, welche dieser beiden Varianten die Kostengünstigste ist.
Das nachfolgende Berechnungsbeispiel soll die Veränderung der variablen Stückkosten durch die nur zeitliche Anpassung an eine veränderte Auftragslage zeigen.

4.2.2 Berechnungsbeispiel zum Kostenverlauf bei zeitlicher Anpassung

Die Produktionsanlage lief bisher bei optimaler Intensität d_{opt} und der bisherige tägliche Kundenauftrag wurde in der täglichen Normalarbeitszeit gefertigt. Der künftige tägliche Kundenauftrag ist höher und soll bei Beibehaltung der optimalen Intensität d_{opt} gefertigt werden, weil wir auch künftig das intensitätsabhängige Minimum der variablen Stückkosten halten wollen. Der höhere Kundenauftrag kann damit nur durch Verlängerung der Fertigungszeit (Inanspruchnahme von Überstunden) produziert werden. In unserem Beispiel soll keine 2. Schicht möglich sein, weil die erhöhte Kundenauftragsmenge für eine volle Auslastung einer 2. Schicht nicht ausreicht.
Folgende Formelzeichen werden in der nachfolgenden Beispielrechnung verwendet:

$K_{v_{i_{Stck.}}}$ $\left[\frac{€}{E.\text{-}Stück}\right]$	Intensitätsabhängige variable Stückkosten aus dem Verbrauch von Einsatzfaktoren (Material, Energie, Schmierstoffe), ohne Lohnanteile
$K_{v_{iges}}$ $\left[\frac{€}{Tag}\right]$	Intensitätsabhängige variable Gesamtkosten (ohne Lohnanteile)
$K_{vStck.}$ $\left[\frac{€}{E.\text{-}Stück}\right]$	Variable Stückkosten, zusammengesetzt aus intensitätsabhängigen variablen Stückkosten und Lohnkosten
$K_{v\,ges}$ $\left[\frac{€}{Tag}\right]$	Variable Gesamtkosten, zusammengesetzt aus intensitätsabhängigen variablen Gesamtkosten und Gesamt-Lohnkosten
K_{LAK} $\left[\frac{€}{h \cdot AK}\right]$	Lohnkosten je Stunde und Arbeitskraft
$K_{L_{ges}}$ $\left[\frac{€}{Tag}\right]$	Gesamt-Lohnkosten je Tag
AK $[Ak]$	Anzahl der Arbeitskräfte
t $[h]$	Zeit, Produktionszeit
$t_{ü}$ $[h]$	Zeit für Überstunden
$Ü_Z$ $[€]$	Überstundenzuschläge
$K_Ü$ $[€]$	Zusatzkosten durch Überstundenzuschläge
m $\left[\frac{E.\text{-}Stück}{Tag}\right]$	Kundenauftragsmenge pro Tag, entspricht der täglich zu produzierenden Ausbringungsmenge
d_{opt} $\left[\frac{E.\text{-}Stück}{h}\right]$	Optimale Intensität, gemessen in Erzeugnis-Stück je Stunde

Abbildung 54: Zusammenstellung wesentlicher Formelzeichen

Gegeben sind folgende Werte:

- Kostenfunktion für die **intensitätsabhängigen variablen Stückkosten**:
  $K_{vi_{Stck.}} = f(d), \quad \Rightarrow \quad K_{viStck.} = d^2 - 30d + 400 \quad \left[\frac{€}{E.-Stück}\right]$,
  ohne Berücksichtigung von Lohnanteilen,
- bisheriger Kundenauftrag: $m = 120 \left[\frac{E.-Stück}{Tag}\right]$
- künftiger Kundenauftrag: $m = 160 \left[\frac{E.-Stück}{Tag}\right]$
- Normalarbeitszeit t : $8 \left[\frac{h}{Tag}\right]$
- 20 Arbeitskräfte sind in der Fertigung tätig,
- Lohnkosten (einschl. Arbeitgeberanteile) insges.: $K_{L_A} = 60 \left[\frac{€}{h \cdot AK}\right]$
- bei Überstundeninanspruchnahme steigen die Lohnkosten um 10 %,
- alle anderen Kosten sind intensitätsabhängig durch die Kostenfunktion erfasst.

Zu ermitteln sind:

a) die optimale Intensität d_{opt}, gemessen in $\left[\frac{E.-Stück}{h}\right]$,

b) die Veränderung der variablen Stückkosten $K_{vStck.}$ durch die Erfüllung des höheren Kundenauftrages bei Überstundeninanspruchnahme.

Lösung:

zu a)

Die optimale Intensität d_{opt} ergibt sich aus der Minimierung der intensitätsabhängigen variablen Stückkostenfunktion: $K_{vi_{Stck}} = d^2 - 30d + 400$

$$\frac{dK_{vi_{Stück}}}{dd} = Kv_{i_{Stück}}' = 2d - 30 \;; \qquad \text{1. Ableitung gleich Null setzen;}$$

$$2d - 30 = 0 \quad \Rightarrow \quad d_{opt} = \underline{\underline{15}} \quad \left[\frac{E.-Stück.}{h}\right]$$

Der Verlauf der Kostenfunktion ist in Abbildung 55 dargestellt.

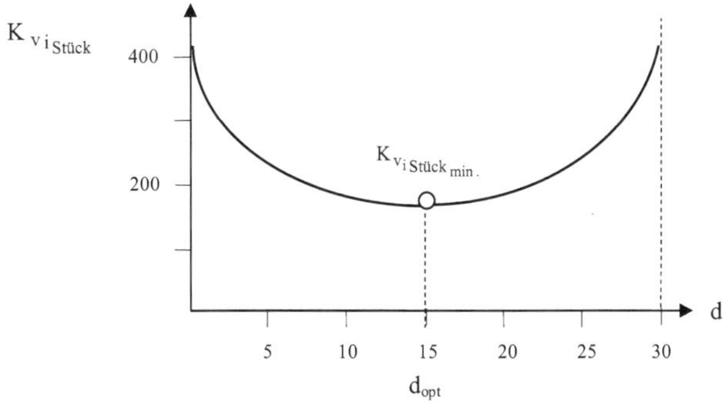

Abbildung 55: Verlauf der intensitätsabhängigen variablen Stückkostenfunktion

zu b)
Ermittlung der Veränderung der variablen Stückkosten:
Berechnung der verlängerten Fertigungszeit durch Erfüllung des erhöhten Kundenauftrages: Es gilt:

$$m = d \cdot t \quad \left[\frac{E.-Stück}{h} \cdot \frac{h}{Tag}\right] = \left[\frac{E.-Stück}{Tag}\right]; \quad t = \frac{m}{d} \quad \left[\frac{E.-Stück \cdot h}{Tag \cdot E.-Stück}\right] = \left[\frac{h}{Tag}\right];$$

$$t = \frac{160}{15} = 10{,}66 \approx \underline{\underline{10{,}7}} \quad \left[\frac{h}{Tag}\right] \quad \Rightarrow \quad t_{ü} = 2{,}7 \left[\frac{h}{Tag}\right]. \text{ (Überstunden/Tag)}$$

Kostenermittlung:
Ermittlung der intensitätsabhängigen variablen Stückkosten bei optimaler Intensität:

$$K_{v_{iStck.}} = d^2 - 30d + 400; \quad \text{für} \quad d = d_{opt} = 15 \quad \text{einsetzen,}$$

$$K_{v_{iStck.}} = 225 - 450 + 400 = \underline{175} \quad \left[\frac{€}{E.-Stück}\right] \text{ (ohne Lohnanteile)}$$

Intensitätsabhängige variable Gesamtkosten:

$$K_{v_{i\,ges}} = K_{v_{i\,Stück}} \cdot m$$

$$K_{v_{i\,ges}} = \frac{175 \text{ €} \cdot 160 \text{ E.-Stück}}{\text{E.-Stück} \cdot \text{Tag}} = \underline{\underline{28.000}} \quad \left[\frac{€}{Tag}\right]$$

Ermittlung der Lohnkosten für Gesamtarbeitszeit t_{ges} von 10,7 h:

$$K_{L_{ges}} = K_{L_{AK}} \cdot t_{ges} \cdot AK$$

$$K_{L_{ges}} = 60 \frac{€}{h} \cdot 10{,}7 \frac{h}{Tag} \cdot 20 \text{ AK} = \underline{\underline{12.840}} \quad \left[\frac{€}{Tag}\right]$$

Ermittlung der Zusatzkosten $K_Ü$ durch Überstundenzuschläge: $Ü_Z$:

$Ü_Z = K_{L\,AK} \cdot 0{,}1$ (10% - entspricht dem Wert = 0,1)

$$Ü_Z = 60 \ \frac{€}{h \cdot AK} \cdot 0{,}1 = 6 \ \frac{€}{h \cdot AK};$$

$K_Ü = t_ü \cdot Ü_Z \cdot AK;$

$$K_Ü = 2{,}7 \ \frac{h}{Tag} \cdot 6 \ \frac{€}{h \cdot AK} \cdot 20 \ AK = \underline{\underline{324}} \ \left[\frac{€}{Tag}\right]$$

Aus der Summierung der vorgenannten Kostenanteile ergeben sich die variablen Gesamtkosten für den erhöhten Kundenauftrag von 160 E.-Stück/Tag:

$$K_{v\,ges} = K_{v_i\,ges} + K_{L\,ges} + K_Ü; \qquad K_{v\,ges} = \underline{\underline{41.164}} \ \left[\frac{€}{Tag}\right].$$

Die variablen Stückkosten für den erhöhten Kundenauftrag von 160 E.-Stück/ Tag ergeben sich wie folgt:

$$K_{v\,Stck.} = \frac{K_{v\,ges}}{m} = \frac{41.164 \ € \cdot Tag}{160 \ Tag \cdot E.-Stück} = \underline{\underline{257{,}28}} \ \left[\frac{€}{E.-Stück}\right]$$

Bisheriger Kundenauftrag:
Die variablen Stückkosten für den bisherigen Kundenauftrag von 120 E.-Stück/Tag ergeben sich aus den intensitätsabhängigen variablen Stückkosten von 175 €/E.-Stück. plus noch einzurechnender Lohnkostenanteile.

Berechnung:

$$K_{v\,ges} = \frac{175 \ € \cdot 120 \ E.-Stück}{E.-Stück. \cdot Tag} = \underline{\underline{21.000}} \ \left[\frac{€}{Tag}\right]$$

Ermittlung der Lohnkosten für Gesamtarbeitszeit t_{ges} von 8 h:
(Überstundenzuschläge fallen nicht an)

$K_{L\,ges} = K_{L\,AK} \cdot t_{ges} \cdot AK$

$$K_{L\,ges} = 60 \ \frac{€}{h} \cdot 8 \ \frac{h}{Tag} \cdot 20 \ AK = \underline{\underline{9.600}} \ \left[\frac{€}{Tag}\right]$$

Aus der Summierung der vorgenannten Kostenanteile ergeben sich die variablen Gesamtkosten für den Kundenauftrag von 120 E.-Stück./Tag:

$$K_{v\,ges} = \underline{\underline{30.600}} \ \left[\frac{€}{Tag}\right]$$

Die variablen Stückkosten für den bisherigen Kundenauftrag von
120 E.-Stück/ Tag ergeben sich wie folgt:

$$K_{vStck.} = \frac{K_{v\,ges}}{m} = \frac{30.600 \;€ \cdot Tag}{120 \;Tag \cdot E.-Stück} = \underline{\underline{255{,}00}} \quad \left[\frac{€}{E.-Stück}\right]$$

Die erhöhte Kundenauftragsmenge von 160 E.-Stück/Tag führt durch die Inanspruchnahme von 2,7 Überstunden für die 20 Arbeitskräfte zu einer Erhöhung der variablen Stückkosten um 2,28 €/E.-Stück.

4.2.3 Kostenverlauf bei intensitätsmäßiger Anpassung

> Das Grundprinzip der Veränderung der Ausbringungsmengen bei intensitätsmäßiger Anpassung besteht darin, dass man bei einer konstanten Fertigungszeit durch Erhöhen der Intensität eine Erhöhung der Ausbringungsmenge m erreicht.

In Abbildung 56 ist die Erhöhung der Ausbringungsmenge von m_1 auf m_3 durch die Erhöhung der Intensität vom Niveau d_1 auf d_{opt} bei der konstant gehaltenen Fertigungszeit t_1 gekennzeichnet. Bei Verringerung der Beschäftigung wird durch die Verringerung der Intensität bei konstant gehaltener Fertigungszeit t die Ausbringungsmenge abgesenkt. In Abbildung 56 ist ebenfalls die Absenkung der Ausbringungsmenge m_6 auf m_4 durch eine Verringerung der Intensität von d_{max} auf d_{opt} bei konstant gehaltener Fertigungszeit t_2 eingezeichnet.

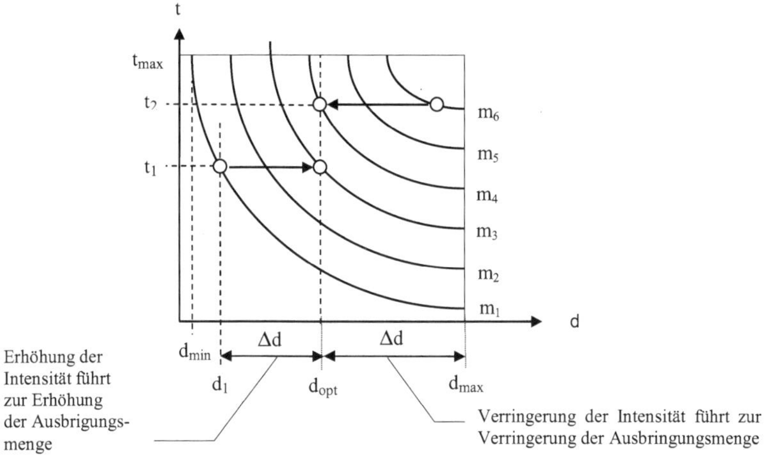

Abbildung 56: Darstellung der intensitätsabhängigen Veränderung der Ausbringungsmengen bei definierten Fertigungszeiten

Da der intensitätsabhängige Faktorverbrauch in der Regel nicht linear verläuft (vgl. Abschnitt 4.2), werden sich bei Veränderung der Intensitäten auch die intensitätsabhängigen variablen Kosten nichtlinear verhalten. Die Lohnkosten, sie stellen den wertmäßigen Ausdruck für den Faktorverbrauch Arbeitskraft dar, sind hierbei wieder gesondert zu betrachten. Wenn Lohnkosten in Abhängigkeit von der Veränderung der Ausbringungsmenge (Leistungslöhne) anfallen, sind sie damit ebenfalls intensitätsabgängig. Wird der Lohn zeitabhängig gezahlt, so sind die Lohnkosten nicht abhängig von der Ausbringungsmenge und damit nicht abhängig von der Intensität. Bei der Untersuchung betrieblicher Prozesse ist deshalb eine besondere Aufmerksamkeit der Wirkungsweise der Lohnkosten zu schenken. Die Veränderung der Intensitäten verursacht in jedem Falle eine Veränderung der variablen Kosten. Später wird die Frage zu beantworten sein, ob beispielsweise die Kostenerhöhung, die sich aus der Veränderung der Intensität ergibt, niedriger oder höher ist als die Kostenerhöhung bei der zeitlichen Anpassung (vgl. Abschnitte 4.2.1 und 4.2.2). Erst eine Vergleichsrechnung zeigt die Vorteilhaftigkeit der zeitlichen oder der intensitätsmäßigen Anpassung. Das nachfolgende Berechnungsbeispiel soll die Veränderung der variablen Stückkosten durch eine nur intensitätsmäßige Anpassung an eine veränderte Auftragslage zeigen.

4.2.4 Berechnungsbeispiel zum Kostenverlauf bei intensitätsmäßiger Anpassung

Für das Berechnungsbeispiel gelten die gleichen Ausgangsdaten und Formelzeichen wie im Abschnitt 4.2.2. Die erhöhte Ausbringungsmenge von m = 160 E.-Stück/Tag gegenüber der bisherigen Ausbringungsmenge von m = 120 E.-Stück/Tag soll durch eine nur intensitätsmäßige Anpassung erreicht werden. Dies bedeutet, daß die erhöhte Ausbringungsmenge nur in der Normalarbeitszeit von 8 h/Tag zu produzieren ist. Überstunden dürfen nicht in Anspruch genommen werden.

Die bisherige Ausbringungsmenge von 120 E.-Stück/Tag wurde bei der optimalen Intensität von $d_{opt} = 15 \quad \left[\frac{\text{E.-Stück}}{\text{h}}\right]$ innerhalb der Normalarbeitszeit von 8 h produziert.

Der höhere Kundenauftrag von 160 E.-Stück/Tag muss demzufolge mit einer höheren Intensität produziert werden. Damit weichen wir von der bisher eingestellten optimalen Intensität von $d_{opt} = 15$ ab und verursachen eine Erhöhung der intensitätsabhängigen variablen Stückkosten $K_{vi_{Stück}}$.

Gegeben sind folgende Werte:

- Kostenfunktion für die **intensitätsabhängigen** variablen Stückkosten,

  $K_{vi_{Stück}} = f(d), \quad K_{vi_{Stück}} = d^2 - 30d + 400 \quad \left[\frac{€}{\text{E.-Stück}}\right],$

  ohne Berücksichtigung von Lohnanteilen
- bisheriger Kundenauftrag : $m = 120 \left[\frac{\text{E.-Stück}}{\text{Tag}}\right]$

- künftiger Kundenauftrag : $m = 160 \left[\frac{\text{E.-Stück}}{\text{Tag}}\right]$
- Normalarbeitszeit t : $8 \left[\frac{\text{h}}{\text{Tag}}\right]$
- Lohnkosten (einschl. Arbeitgeberanteile), $K_{L_A} = 60 \left[\frac{€}{\text{h} \cdot \text{AK}}\right]$.

Zu ermitteln sind:

a) die Intensität d, gemessen in $\left[\frac{\text{E.-Stück}}{\text{h}}\right]$, mit der künftig die Produktionsanlage betrieben werden muss, um den höheren Kundenauftrag in der Normalarbeitszeit produzieren zu können; die Löhne sind nicht leistungsabhängig, sondern zeitabhängig (keine Abhängigkeit von der Ausbringungsmenge),

b) die Höhe der variablen Gesamtkosten $K_{v_{ges}}$ und die sich daraus ergebenden Stückkosten $K_{v_{Stück}}$,

c) die kostengünstigere Variante aus dem Vergleich der zeitlichen und intensitätsmäßigen Anpassung (vgl. Abschnitt 4.2.2 und 4.2.4).

Lösung:

zu a)

Ermittlung der veränderten Intensität d:
Es gilt: Ausbringungsmenge = Fertigungszeit * Intensität

$$m = t \cdot d \; ; \quad \left[\text{Stück} = \text{h} \cdot \frac{\text{Stück}}{\text{h}}\right].$$

Durch Umstellung nach d ergibt sich:

$$d = \frac{m}{t} \; ; \Rightarrow d = \frac{160 \ \text{E.-Stück} \cdot \text{Tag}}{\text{Tag} \cdot 8 \ \text{h}} \; ; \Rightarrow \quad d = \underline{\underline{20}} \quad \left[\frac{\text{E. - Stück}}{\text{h}}\right].$$

zu b)

Kostenermittlung:
Ausgehend von der intensitätsabhängigen variablen Stückkostenfunktion

$K_{vi_{Stck.}} = d^2 - 30d + 400$ ergeben sich durch Einsetzen von d = 20 die intensitätsabhängigen variablen Stückkosten wie folgt:

$$K_{vi_{Stck.}} = 400 - 600 + 400 \; ; \Rightarrow \quad K_{vi_{Stck.}} = \underline{\underline{200}} \quad \left[\frac{€}{\text{E.-Stück}}\right].$$

Die intensitätsabhängigen variablen Gesamtkosten ergeben sich aus:

$$K_{v_{i\,ges}} = K_{v_{i\,Stück}} \cdot m\,;$$

$$K_{v_{i\,ges}} = \frac{200\ \text{€} \cdot 160\ \text{E.-Stück}}{\text{E.-Stück} \cdot \text{Tag}}\,; \quad K_{v_{i\,ges}} = \underline{\underline{32.000}} \left[\frac{\text{€}}{\text{Tag}}\right].$$

Ermittlung der Lohnkosten für Gesamtarbeitszeit t_{ges} von 8 h:

$$K_{L\,ges} = K_{L\,AK} \cdot t_{ges} \cdot AK$$

$$K_{L\,ges} = 60\ \frac{\text{€}}{\text{h} \cdot \text{Ak}} \cdot 8\ \frac{\text{h}}{\text{Tag}} \cdot 20\ \text{AK} = \underline{\underline{9.600}} \left[\frac{\text{€}}{\text{Tag}}\right].$$

Aus der Summierung der vorgenannten Kostenanteile ergeben sich die variablen Gesamtkosten für den Kundenauftrag von 160 E.-Stück/Tag:

$$K_{v\,ges} = \underline{\underline{41.600}} \left[\frac{\text{€}}{\text{Tag}}\right]$$

Die variablen Stückkosten für den erhöhten Kundenauftrag von 160 E.-Stück/ Tag ergeben sich wie folgt:

$$K_{v_{Stück}} = \frac{K_{v\,ges}}{m} = \frac{41.600\ \text{€} \cdot \text{Tag}}{160\ \text{Tag} \cdot \text{E.-Stück}} = \underline{\underline{260{,}00}} \left[\frac{\text{€}}{\text{E.-Stück}}\right].$$

Bisheriger Kundenauftrag:
Die variablen Stückkosten für den bisherigen Kundenauftrag von 120 E.-Stück/Tag ergeben sich aus den intensitätsabhängigen variablen Stückkosten von 175 €/E.-Stück. plus noch einzurechnender Lohnkostenanteile.
(gleiche Berechnung wie in Abschnitt 4.2.2)
Berechnung:

$$K_{v\,ges} = \frac{175\ \text{€} \cdot 120\ \text{E.-Stück}}{\text{E.-Stück} \cdot \text{Tag}} = \underline{\underline{21.000}} \left[\frac{\text{€}}{\text{Tag}}\right]$$

Ermittlung der Lohnkosten für Gesamtarbeitszeit t_{ges} von 8 h:
(Überstundenzuschläge fallen nicht an)

$$K_{L\,ges} = K_{L\,AK} \cdot t_{ges} \cdot AK$$

$$K_{L\,ges} = 60\ \frac{\text{€}}{\text{h} \cdot \text{Ak}} \cdot 8\ \frac{\text{h}}{\text{Tag}} \cdot 20\ \text{AK} = \underline{\underline{9.600}} \left[\frac{\text{€}}{\text{Tag}}\right]$$

Aus der Summierung der vorgenannten Kostenanteile ergeben sich die variablen Gesamtkosten für den Kundenauftrag von 120 E.-Stück/Tag:

$$K_{v\,ges} = \underline{\underline{30.600}} \left[\frac{\text{€}}{\text{Tag}}\right].$$

Die variablen Stückkosten für den bisherigen Kundenauftrag von 120 E.-Stck/ Tag ergeben sich wie folgt:

$$K_{v\,Stück} = \frac{K_{v\,ges}}{m} = \frac{30.600\ € \cdot Tag}{120\ Tag \cdot E.-Stück} = \underline{\underline{255{,}00}} \left[\frac{€}{E.-Stück}\right].$$

Die erhöhte Kundenauftragsmenge von 160 E.-Stück/Tag führt durch die höhere Intensität von d=20 zu einer Erhöhung der variablen Stückkosten um 5,00 €/E.-Stück.

zu c)

Vergleichrechnung zwischen zeitlicher Anpassung und intensitätsmäßiger Anpassung (vgl. Abschnitte 4.2.2 und 4.2.4)

Zeitliche Anpassung bei erhöhtem Kundenauftrag von 160 E.-Stück/Tag	**Intensitätsmäßige Anpassung** bei erhöhtem Kundenauftrag von 160 E.-Stück/Tag
Charakterisierung: Beibehaltung der optimalen Intensität, erhöhte Ausbringungsmenge durch Inanspruchnahme von Überstunden	Charakterisierung: Beibehaltung der Normalarbeitszeit, keine Überstundeninanspruchnahme, erhöhte Ausbringungsmenge durch erhöhte Intensität
Variable Stückkosten: $K_{v\,Stück} = \underline{\underline{257{,}28}} \left[\frac{€}{E.-Stück}\right]$	Variable Stückkosten: $K_{v\,Stück} = \underline{\underline{260{,}00}} \left[\frac{€}{E.-Stück}\right]$
Variable Gesamtkosten: $K_{v\,ges} = \underline{\underline{41.164,-}} \left[\frac{€}{Tag}\right]$	Variable Gesamtkosten: $K_{v\,ges} = \underline{\underline{41.600,-}} \left[\frac{€}{Tag}\right]$

Abbildung 57: Vergleichstabelle zwischen zeitlicher und intensitätsmäßiger Anpassung

Aus Abbildung 57 wird sichtbar, dass in diesem Beispiel die zeitliche Anpassung, trotz Inanspruchnahme von Überstunden, die kostengünstigere Variante ist.

4.2.5 Kostenverlauf bei zeitlicher und intensitätsmäßiger Anpassung

> Das Grundprinzip der Veränderung der Ausbringungsmenge besteht darin, dass sowohl eine zeitliche Anpassung als auch eine intensitätsmäßige Anpassung durch Veränderung der Fertigungszeit und Veränderung der Intensität angewendet wird. Damit entsteht eine Kombination der bisher behandelten Anpassungsformen.

Es ist die Frage zu beantworten, welche Form der Anpassung letztendlich die Kostengünstigere ist. Die bisherigen Berechnungsbeispiele zeigten, dass die zeitliche Anpassung kostengünstiger war. In Abbildung 58 wird im Intensitäts-Zeit-Diagramm die Kombination aus zeitlicher und intensitätsmäßiger Anpassung sichtbar. Es tritt sowohl eine Verlängerung der Fertigungszeit als auch eine Erhöhung der Intensität ein. Die Erhöhung der Ausbringungsmenge m von m_2 auf m_5 wird durch den diagonal im Diagramm eingezeichneten Pfeil angedeutet.

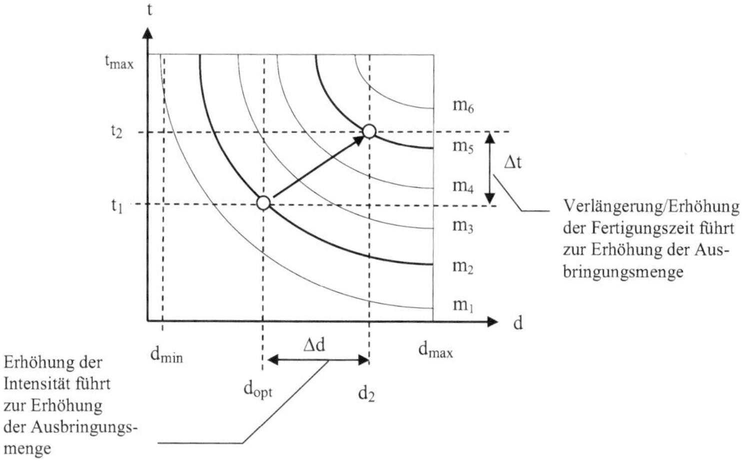

Abbildung 58: Darstellung der Veränderung/Erhöhung der Ausbringungsmenge durch Erhöhung der Intensität und Verlängerung der Fertigungszeit

In der kombinierten Anpassungsform werden bei höherer Beschäftigung Kostenerhöhungen eintreten durch:

- das Erhöhen der Intensität (jedes Entfernen von d_{opt} erhöht die Kosten, vgl. dazu Abbildung 55),
- das Verlängern der Produktionszeit, insbesondere durch die Inanspruchnahme von Überstunden.

Im nachfolgenden Abschnitt wird unter Fortführung des bisherigen Berechnungsbeispiels (vgl. Abschnitte 4.2.2 und 4.2.4) die kombinatorische Berechnung aus zeitlicher und intensitätsmäßiger Anpassung gezeigt.

4.2.6 Berechnungsbeispiele zu Kostenverläufen bei zeitlicher und intensitätsmäßiger Anpassung

Bevor eine weitere Beispielrechnung erfolgt, sollen die bisher durchgeführten Berechnungen zur zeitlichen und intensitätsmäßigen Anpassung in einem Zeit-Mengen-Diagramm dargestellt werden. Es erfolgt eine Gegenüberstellung von Fertigungszeit und Ausbringungsmenge, sodass die im Diagramm enthaltenen Geraden mit ihrem jeweiligen Anstieg Ausdruck der Intensität sind.

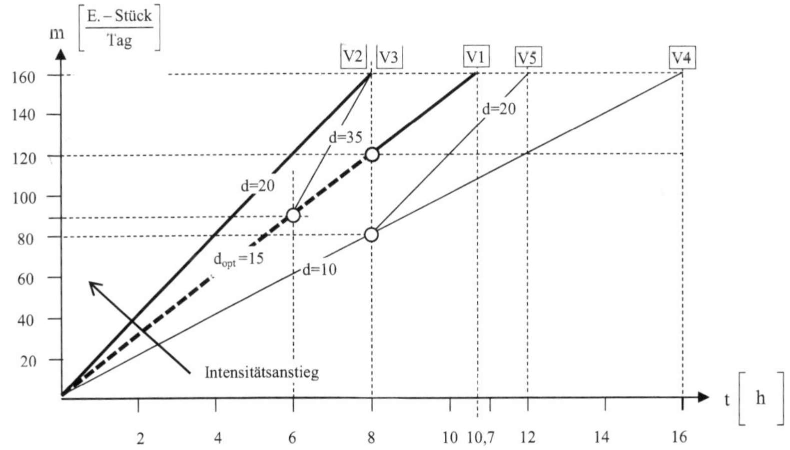

Abbildung 59: Darstellung unterschiedlicher Intensitätsverläufe in einem Zeit-Mengen-Diagramm

Die Berechnungen zur zeitlichen und intensitätsmäßigen Anpassung gingen vom bisherigen Kundenauftrag = 120 E.-Stück/Tag aus, der bei optimaler Intensität von d_{opt}= 15 in der Normalarbeitszeit von 8 Stunden produziert wurde. Dieser Sachverhalt ist durch die stark gestrichelte Gerade gekennzeichnet.
Der erhöhte Kundenauftrag von 160 E.-Stück/Tag wurde bei Beibehaltung der optimalen Intensität in 10,7 Stunden produziert = zeitliche Anpassung. Diese Anpassung ist durch die Fortführung der bisherigen Geraden als starke Vollinie mit d=15 eingezeichnet (Variante 1).

Im Rahmen der intensitätsmäßigen Anpassung wurde die erhöhte Ausbringungsmenge von m=160 E.-Stück/Tag innerhalb der Normalarbeitszeit von 8 Stunden produziert. Daraus ergab sich eine notwendige Intensität von d=20. Diese Anpassung ist durch die stark gezeichnete Gerade mit d=20 eingezeichnet (Variante 2).
Es bestehen endlich viele Möglichkeiten, durch zeitlich-intensitätsmäßige Variationen eine kostenminimale Anpassung herauszufinden. Im Diagramm (Abbildung 59) sind drei weitere Anpassungsformen eingezeichnet, die auf ihre Kosteninanspruchnahme überprüft werden sollen.

Variante 3: 6 Stunden lang mit d_{opt} 90 Stück produzieren, dann mit erhöhter Intensität von d=35 die restlichen 70 Stück in 2 Stunden produzieren, keine Inanspruchnahme von Überstunden,

Variante 4: Mit d=10 durchgängig die gesamte Menge von 160 Stück. in 16 Stunden produzieren, Inanspruchnahme von 8 Überstunden,

Variante 5: Mit d=10 acht Stunden 80 Stück produzieren und die restliche Menge von 80 Stück. bei d=20 in 4 Überstunden produzieren.

Es ist bekannt, dass sich einerseits durch die intensitätsabhängige variable Stückkostenfunktion $K_{v\,i\,Stück} = d^2 - 30d + 400$ die Kosten in Abhängigkeit von der eingestellten Intensität ändern und sich andererseits zusätzliche Kosten durch die Inanspruchnahme von Überstunden ergeben. Die nachfolgende Kostenberechnung der Varianten 3 - 5 erfolgt nach einer einheitlichen Vorgehensweise.

Variante 3:

Intensitätsabhängige variable Stückkosten:

Bei d_{opt}=15 ergeben sich bei: $K_{v\,i\,Stück} = d^2 - 30d + 400$:

$$K_{v\,i\,Stück} = \underline{175} \quad \left[\frac{€}{E.-Stück}\right];$$

für d=35 ergeben sich:

$$K_{v\,i\,Stück} = \underline{575} \quad \left[\frac{€}{E.-Stück}\right].$$

$K_{v_{i\,ges}} = K_{v_{i\,Stück}} \cdot m$;

$$\Rightarrow K_{v_{i\,d=15}} = \frac{175€ \cdot 90E.-Stück}{E.-Stück \cdot Tag} = 15.750 \left[\frac{€}{Tag}\right];$$

plus

$$K_{v_{i\,d=35}} = \frac{575€ \cdot 70E.-Stück}{E.-Stück \cdot Tag} = 40.250 \left[\frac{€}{Tag}\right];$$

$$K_{v_{i\,ges}} = \underline{\underline{56.000}} \left[\frac{€}{Tag}\right];$$

plus Ermittlung der Lohnkosten für Gesamtarbeitszeit t_{ges} von 8 h:
(Überstundenzuschläge fallen nicht an)

$$K_{L\,ges} = K_{L\,AK} \cdot t_{ges} \cdot AK$$

$$K_{L_{ges}} = 60 \;\frac{€}{Ak \cdot h} \cdot 8 \;\frac{h}{Tag} \cdot 20\;AK \quad = \underline{9.600} \quad \left[\frac{€}{Tag}\right]$$

Variable Gesamtkosten:

$$K_{v\,ges} = K_{v_{i\,ges}} + K_{L\,ges} = \underline{\underline{65.600}} \left[\frac{€}{Tag}\right]$$

Aus der Verwendung zweier unterschiedlicher Intensitäten und der Lohnkosten ergeben sich als Durchschnittswert die variablen Stückkosten zu:

$$K_{v\,Stück} = \frac{K_{v\,ges}}{m} = \frac{65.600\ € \cdot Tag}{160\ Tag \cdot E.-Stück} = \underline{\underline{410{,}00}} \quad \left[\frac{€}{E.-Stück}\right].$$

Variante 4:

Intensitätsabhängige variable Stückkosten:
Bei d=10 ergeben sich nach :

$$K_{v\,i\,Stück} = d^2 - 30d + 400: \Rightarrow K_{v\,i\,Stück} = \underline{200} \quad \left[\frac{€}{E.-Stück}\right];$$

$$K_{v_{i\,ges}} = K_{v_{i\,Stück}} \cdot m; \qquad \Rightarrow K_{v_{i\,ges}} = \frac{200\ € \cdot 160 E.-Stück}{E.-Stück \cdot Tag} = \underline{32.000} \left[\frac{€}{Tag}\right];$$

Ermittlung der Lohnkosten für Gesamtarbeitszeit t_{ges} von 16 h:

$$K_{L_{ges}} = K_{L\,AK} \cdot t_{ges} \cdot AK$$

$$K_{L_{ges}} = 60\ \frac{€}{Ak \cdot h} \cdot 16\ \frac{h}{Tag} \cdot 20\ AK = \underline{19.200} \left[\frac{€}{Tag}\right]$$

Ermittlung der Zusatzkosten $K_Ü$ durch Überstundenzuschläge: $Ü_Z$:

$$Ü_Z = K_{LAK} \cdot 0{,}1 \ (10\% \text{ - entspricht dem Wert} = 0{,}1)$$

$$Ü_Z = 60\ \frac{€}{h \cdot AK} \cdot 0{,}1 = 6\ \frac{€}{h \cdot AK};$$

$$K_Ü = t_ü \cdot Ü_Z \cdot AK;$$

$$K_Ü = 8\ \frac{h}{Tag} \cdot 6\ \frac{€}{h \cdot AK} \cdot 20\ AK = \underline{960} \left[\frac{€}{Tag}\right]$$

Aus der Summierung der vorgenannten Kostenanteile ergeben sich die variablen Gesamtkosten für den Kundenauftrag von 160 E.-Stück/Tag:

$$K_{v\,ges} = K_{v_{i\,ges}} + K_{L_{ges}} + K_Ü = \underline{\underline{52.160}} \left[\frac{€}{Tag}\right]$$

Aus der Verwendung der Intensität d=10, der Lohnkosten und der Überstundenzuschläge ergeben sich als Durchschnittswert die variablen Stückkosten zu:

$$K_{v\,Stück} = \frac{K_{v\,ges}}{m} = \frac{52.160\ € \cdot Tag}{160\ Tag \cdot E.-Stück} = \underline{\underline{326{,}00}} \left[\frac{€}{E.-Stück}\right].$$

Variante 5:

Intensitätsabhängige variable Stückkosten:
Bei d=10 ergeben sich nach:

$$K_{v\,i\,Stück} = d^2 - 30d + 400: \quad \Rightarrow \quad K_{v\,i\,Stück} = 200 \left[\frac{€}{E.-Stück}\right];$$

für d=20 ergeben sich ebenfalls: $\Rightarrow \quad K_{v\,i\,Stück} = 200 \left[\frac{€}{E.-Stück}\right]$.

$$K_{v_{i\,ges}} = K_{v_{i\,Stück}} \cdot m; \quad \Rightarrow \quad K_{v_{i\,d=10}} = \frac{200\ € \cdot 80\ E.-Stück}{E.-Stück \cdot Tag} = 16.000 \left[\frac{€}{Tag}\right];$$

$$\text{plus} \quad \Rightarrow \quad K_{v_{i\,d=20}} = \frac{200\ € \cdot 80\ E.-Stück}{E.-Stück \cdot Tag} = 16.000 \left[\frac{€}{Tag}\right];$$

$$K_{v_{i\,ges}} = \underline{32.000} \left[\frac{€}{Tag}\right];$$

Ermittlung der Lohnkosten für Gesamtarbeitszeit t_{ges} von 12 h:

$$K_{L\,ges} = K_{L\,AK} \cdot t_{ges} \cdot AK$$

$$K_{L\,ges} = 60\ \frac{€}{Ak \cdot h} \cdot 12\ \frac{h}{Tag} \cdot 20\ AK = \underline{14.400} \left[\frac{€}{Tag}\right]$$

Ermittlung der Zusatzkosten $K_{Ü}$ durch Überstundenzuschläge: $Ü_Z$:

$Ü_Z = K_{LAK} \cdot 0{,}1$ (10% -10 von 100- entspricht dem Wert = 0,1)

$$Ü_Z = 60\ \frac{€}{h \cdot AK} \cdot 0{,}1 = 6\ \frac{€}{h \cdot AK};$$

$$K_{Ü} = t_ü \cdot Ü_Z \cdot AK;$$

$$K_{Ü} = 4\ \frac{h}{Tag} \cdot 6\ \frac{€}{h \cdot AK} \cdot 20\ AK = \underline{480} \left[\frac{€}{Tag}\right]$$

Aus der Summierung der vorgenannten Kostenanteile ergeben sich die variablen Gesamtkosten für den Kundenauftrag von 160 E.-Stück/Tag:

$$K_{v\,ges} = K_{v_{i\,ges}} + K_{L\,ges} + K_{Ü} = \underline{\underline{46.880}} \left[\frac{€}{Tag}\right]$$

Aus der Verwendung der Intensitäten d=10 und d=20, der Lohnkosten und der Überstundenzuschläge ergeben sich als Durchschnittswert die variablen Stückkosten zu:

$$K_{v\,Stück} = \frac{K_{v\,ges}}{m} = \frac{46.880\ € \cdot Tag}{160\ Tag \cdot E.-Stück} = \underline{\underline{293{,}00}} \left[\frac{€}{E.-Stück}\right].$$

Zusammenstellung der Kostenentwicklung der bisher berechneten fünf Varianten für die Produktion des erhöhten Kundenauftrages von 160 Stück/Tag:

	Variante 1	Variante 2	Variante 3	Variante 4	Variante 5
Formen der Anpassung	zeitliche Anpassung	intensitätsmäßige Anpassung	intensitätsmäßige Anpassung	zeitlich-intensitätsmäßige Anpassung	zeitlich-intensitätsmäßige Anpassung
Parameter der Anpassung	$d_{opt} = 15$ $t = 10{,}7$ davon 2,7 Überstunden	$d = 20$ $t = 8$ ohne Überstunden	$d_{opt} = 15$ $d = 35$ $t = 8$ ohne Überstunden	$d = 10$ $t = 16$ davon 8 Überstunden	$d = 10$ $d = 20$ $t = 12$ davon 4 Überstunden
variable Gesamtkosten $K_{v_{ges}} \left[\frac{€}{Tag}\right]$	41.164,-	41.600,-	65.600,-	52.160,-	46.880,-
variable Stückkosten $K_{vStück} \left[\frac{€}{E.-Stück}\right]$	257,28	260,00	410,00	326,00	293,00

↑ Bestvariante

Abbildung 60: Tabellarische Zusammenstellung der Berechnungsbeispiele

Trotz der Inanspruchnahme von 2,7 Überstunden ist die Variante1 die Bestvariante.

Daraus leitet sich die generelle Erkenntnis ab, dass bei Anpassungsprozessen zuerst die optimale Intensität einzustellen ist und dann eine zeitliche Anpassung erfolgen sollte. Mit dem Anstieg der Intensitäten ist immer eine Kostenerhöhung verbunden.

4.2.7 Erweitertes Berechnungsbeispiel zur wirtschaftlichen Intensitätsbestimmung

Die bisherigen Berechnungsbeispiele konzentrierten sich auf die Ermittlung der **kostenminimalen** zeitlichen, intensitätsmäßigen oder zeitlich-intensitätsmäßigen Anpassung. In einer erweiterten Betrachtungsweise soll die Frage beantwortet werden, ob es unter **Einbeziehung der Erlöse** aus der absetzbaren Ausbringungsmenge noch wirtschaftlich sinnvoll ist, sich auf die kostenminimale Variante zu konzentrieren. Es erscheint vorerst unlogisch, vielleicht eine Anpassungsvariante auszuwählen, die sich nicht am Kostenminimum orientiert. Das folgende erweiterte Berechnungsbeispiel soll diese Problematik vermitteln.
Ausgangssituation:
Eine Produktionsanlage ist hinsichtlich der Intensität d variierbar von d = 10 bis d = 50 E.-Stück/h (Erzeugnis-Stück/Stunde). Der Faktorverbrauch soll vereinfacht insgesamt, auch einschließlich des Lohnes, durch entsprechende Verbrauchsfunktionen erfasst werden, sodass sich auf eine nur intensitätsmäßige Anpassung konzentriert werden kann.
Die Ausbringungsmenge m verläuft nach der Funktion $m = f(d);\ m = 8d$.

In Abhängigkeit von der Intensität d entstehen auch Ausschussprodukte. Bei geringerer und höherer Intensität entstehen mehr Ausschussprodukte, bei einer mittleren Intensität kann der Ausschuss gering gehalten werden. Diese Situation tritt häufig bei der Herstellung von Plasteteilen in Zusammenhang mit der Durchwärmung des Plasterohstoffes auf. Das Entstehen von Ausschussteilen A verläuft nach der Funktion $A = f(d);$

$A = 0{,}4d^2 - 16d + 160$.

Aus der Differenz zwischen Ausbringungsmenge m und Ausschuss A ergibt sich eine Produktanzahl x, die abgesetzt werden kann (qualitätsgerechte Produkte). In einer ersten Betrachtung sollen diese Sachverhalte durch ein Diagramm mit entsprechenden Wertetabellen dargestellt werden. Durch Einsetzen verschiedener Intensitäten in die Funktionen $m = 8d$ und $A = 0{,}4d^2 - 16d + 160$ erhält man die Funktionswerte gemäß nachfolgender Wertetabelle. Die qualitätsgerechte Produktanzahl x erhält man durch die Subtraktion $m - A$, daraus folgt: $x = m - A$.

Der Ausstoß der qualitätsgerechten Produkte kann ebenfalls als eine Funktion in Abhängigkeit von der Intensität d dargestellt werden, es gilt: $x = f(d)$.

Aus $x = m - A$ ergibt sich:

$$x = 8d - (0{,}4d^2 - 16d + 160) \quad \Rightarrow \quad 8d - 0{,}4d^2 + 16d - 160$$

$$x = -0{,}4d^2 + 24d - 160.$$

Mit dieser Funktion kann die Menge qualitätsgerechter Produkte direkt ermittelt werden.

d	m	A	x = m - A
10	80	40	40
15	120	10	110
20	160	0	160
25	200	10	190
30	240	40	200
35	280	90	190
40	320	160	160
45	360	250	110
50	400	360	40

Abbildung 61: Wertetabelle für: die Ausbringungsmenge m, die Ausschussprodukte A und die qualitätsgerechten Produkte x

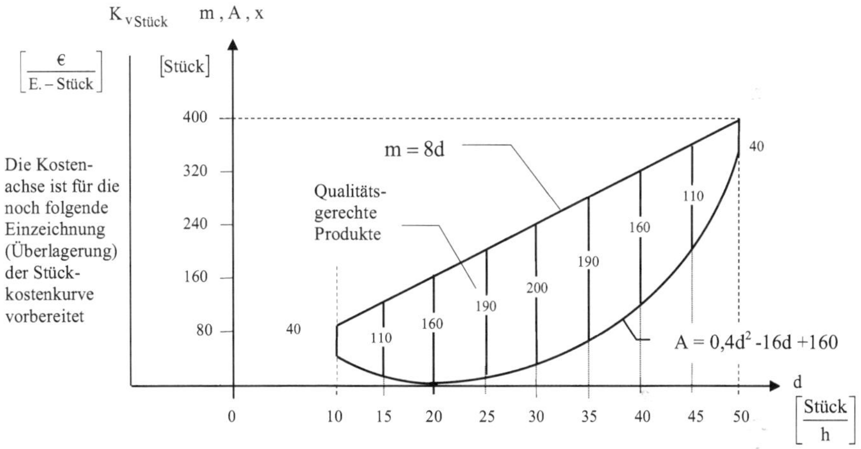

Abbildung 62: Darstellung der Kurvenverläufe für die Ausbringungsmenge m und für die Ausschussprodukte A

Folgende Berechnungen sind durchzuführen:

a) Bestimme die optimale Intensität und ermittle die minimalen Stückkosten. Ermittle die Stück- und Gesamtkosten im Intensitätsintervall von d=10 bis d=50 (in 5-er Schritten) und zeichne die variable Stückkostenfunktion in das Diagramm Abbildung 62 ein. (dargestellt in Abbildung 63)

b) Bei welcher Intensität liegt der minimale Faktorverbrauch von r ? Zeichne die Verläufe des Faktorverbrauches r_1 und des Faktorverbrauches r_2 in das Diagramm Abbildung 62 ein. (dargestellt in Abbildung 64)
Es gelten folgende Vorgaben:
Faktor-Verbrauchsfunktionen: $r_1 = 8d$

$$r_2 = 0{,}2d^2 - 12d + 200$$

Faktorpreise: $p_1 = 3 \left[\frac{€}{E.-Stück}\right]$; $p_2 = 5 \left[\frac{€}{E.-Stück}\right]$

c) Ermittle Gesamt-Erlöse und Gewinn aus der absetzbaren Menge. Für den Gewinn gilt die vereinfachte Berechnung:
Gewinn = Erlös - Kosten. Für die Darstellung der Werte wird die Erstellung einer Tabelle empfohlen.

Verkaufspreis/Erlös je E.-Stück: $E = 2.300 \left[\frac{€}{E.-Stück}\right]$

d) Fälle und begründe die Entscheidung, mit welcher Intensität d die Produktionsanlage betrieben werden soll.

Lösungen:

zu a)

Es ist bekannt, dass der Begriff optimale Intensität an das Kostenminimum gebunden ist. Die Kosten ergeben sich aus dem Verbrauch der Produktionsfaktoren r_1 und r_2, jeweils bewertet mit ihren Preisen. Damit wird es möglich, die variable Stückkostenfunktion aufzustellen. Die Minimierung der variablen Stückkosten erfolgt über die 1. Ableitung der variablen Stückkostenfunktion. Die Funktion lautet:

$$K_{vStck} = p_1 \cdot r_1 + p_2 \cdot r_2 \quad \left[\frac{€}{E.-Stück}\right];$$

für r_1 und r_2 werden die jeweiligen Funktionsverläufe eingesetzt, daraus ergibt sich:

$$K_{vStück} = 3(8d) + 5(0{,}2d^2 - 12d + 200); \qquad K_{vStück} = 24d + d^2 - 60d + 1000;$$
$$K_{vStück} = d^2 - 36d + 1000;$$

Die optimale Intensität ergibt sich, indem die 1. Ableitung gleich Null gesetzt wird und nach d aufgelöst wird.

$$\frac{dK_{vStück}}{dd} = K_{vStück}' = 2d - 36;$$
$$2d - 36 = 0;$$
$$d = 18; \qquad \Rightarrow \quad d_{opt} = \underline{\underline{18}}.$$

Setzt man den Wert $d_{opt} = 18$ in die Kostenfunktion ein, ergeben sich die minimalen variablen Stückkosten in Höhe von:

$$K_{vStck} = \underline{\underline{676{,}00}} \left[\frac{€}{E.-Stück}\right].$$

Durch Einsetzen weiterer Intensitätswerte ergeben sich die nachfolgenden variablen Stückkosten.

d	10	15	18	20	25	30	35	40	45	50
$K_{vStück}$	740,-	685,-	676,-	680,-	725,-	820,-	965,-	1160,-	1405,-	1700,-

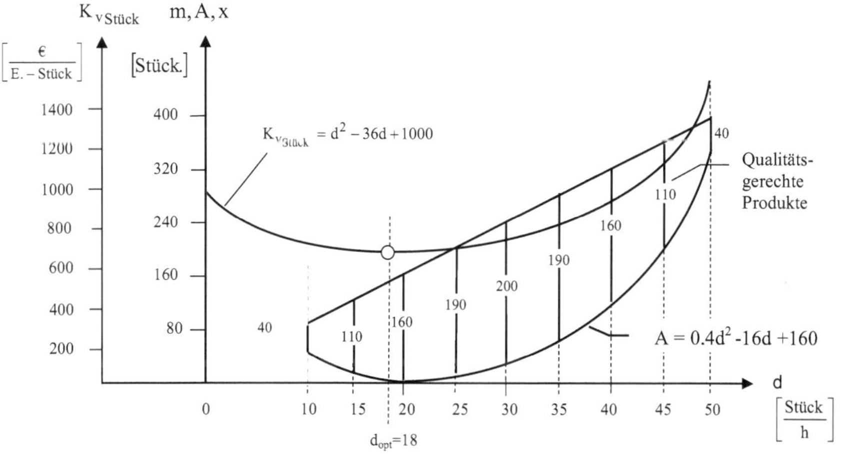

Abbildung 63: Darstellung der Kurvenverläufe für die variablen Stückkosten, für die Ausbringungsmenge m und für die Ausschussprodukte A

zu b)

Die Intensität d, bei der der minimale Faktorverbrauch von r_2 liegt, ergibt sich aus der 1. Ableitung der r_2-Funktion.

$$r_2 = 0{,}2d^2 - 12d + 200; \quad \frac{dr_2}{dd} = r_2{}' = 0{,}4d - 12; \quad \Rightarrow \quad 0{,}4d - 12 = 0; \quad \Rightarrow \quad d = \underline{\underline{30}};$$

wird der Wert $d = 30$ in die r_2-Funktion eingesetzt, ergibt sich der minimale Faktorverbrauch in Höhe von $r_2 = 20 \left[\frac{ME}{E.-Stück}\right]$.

Setzt man unterschiedliche Intensitäten ein, kann man den jeweiligen Faktorverbrauch ermitteln. (vgl. auch Abbildung 64)

d	10	20	30	40	50
r_1	80	160	240	320	400
r_2	100	40	20	40	100

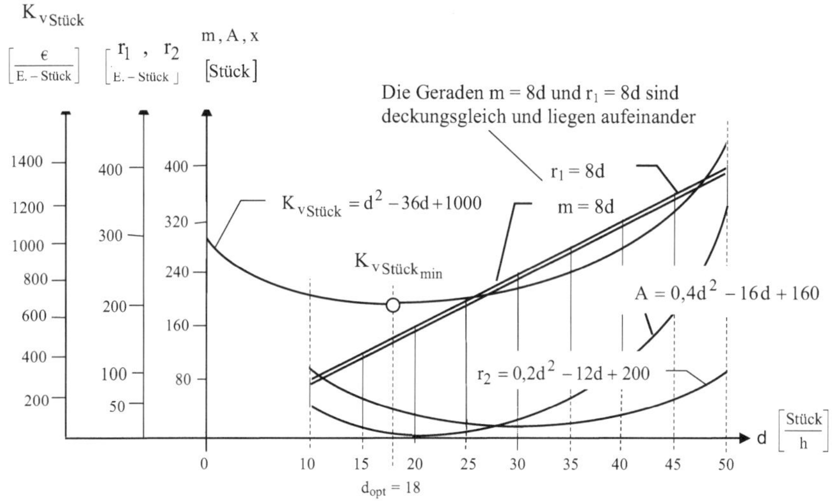

Abbildung 64: Darstellung der Kurvenverläufe für die Produktionsfaktoren r_1, r_2, für die Ausbringungsmenge m, für die Ausschussprodukte A und für die variablen Stückkosten

zu c)

Zur Ermittlung der variablen Stückkosten müssen die jeweiligen Intensitäten d =10, d =15, ... , d = 50 in die Stückkostenfunktion eingesetzt werden. Die Gesamtkosten ergeben sich aus der Multiplikation mit der (produzierten) Ausbringungsmenge m, $K_{v\,ges} = K_{v\,Stück} \cdot m$.

Die Ermittlung der Erlöse kann nur über die abgesetzte Menge, über den Verkauf der qualitätsgerechten Produkte, erfolgen. In Abbildung 65 sind in tabellarischer Form alle berechneten Werte enthalten.

d	**m** [Stück]	**A** [Stück]	**x** (m - A) [Stück]	$K_{v\,Stück}$ $\left[\frac{€}{E.-Stück}\right]$	$K_{v\,ges}$ [€]	**Erlöse** [€]	**Gewinn** [€]
10	80	40	40	740,-	59.200,-	92.000,-	32.800,-
15	120	10	110	685,-	82.200,-	253.000,-	170.800,-
18	144	2	142	676,-	97.344,-	326.600,-	229.256,-
20	160	0	160	680,-	108.800,-	368.000,-	259.200,-
25	200	10	190	725,-	145.000,-	437.000,-	292.000,-
30	240	40	200	820,-	196.800,-	460.000,-	263.200,-
35	280	90	190	965,-	270.200,-	437.000,-	166.800,-
40	320	160	160	1.160.-	371.200,-	368.000,-	-3.200,-
45	360	250	110	1.405,-	505.800,-	253.000,-	- 252.800,-
50	400	360	40	1.700,-	680.000,-	92.000,-	- 588.000,-

Abbildung 65: Tabellarische Zusammenstellung der berechneten Werte

zu d)

Anhand der berechneten Werte ist jetzt zu entscheiden, bei welcher Intensität die Produktionsanlage zu betreiben ist. Die stark umrandeten Felder in Abbildung 65 geben markante Werte an, über die zu diskutieren ist.
Die maximale Anzahl qualitätsgerechter Produkte (200 Stück) wird bei einer Intensität von d = 30 erreicht.
Die minimalen variablen Stückkosten (676,- €) werden bei der optimalen Intensität von d_{opt} = 18 erreicht.
Die maximalen Erlöse (460.000 €) werden wiederum bei einer Intensität von d = 30 erzielt.
Der maximale Gewinn (292.000 €) wird bei einer Intensität von d = 25 erzielt.
Bei diesen Konstellationen kann man keine eindeutige Antwort geben. Die Entscheidung ist von der jeweiligen Gesamtzielsetzung des Unternehmens abhängig. Dazu sollen zwei Zielsetzungen herausgegriffen werden.

1. Zielsetzung:

Wenn das Unternehmen darauf orientiert ist, in einer geplanten Periode eine **maximale Bereitstellung von Kundenauftragsmengen** zu sichern, beispielsweise im Rahmen von Zulieferungen zu anderen Finalproduzenten, dann wäre die Produktion mit einer Intensität von d = 30 sinnvoll. Damit wird die maximale Bereitstellung von qualitätsgerechten Produkten gesichert. Allerdings wird hierbei bewusst auf ein Gewinnanteil von 28.800 € verzichtet.

2. Zielsetzung

Wenn das Unternehmen darauf orientiert ist, in einer geplanten Periode einen **maximalen Gewinn** zu erwirtschaften, dann wäre eine Produktion mit einer Intensität von d = 25 erforderlich. Dabei wird in Kauf genommen, dass gegebenenfalls keine maximale Befriedigung der Kundenwünsche erfolgt.

Auch wenn dieses Berechnungsbeispiel in einer vereinfachten Betrachtung komplexe betriebswirtschaftliche Problemstellungen widerspiegelte, erkennen Sie, dass Entscheidungen immer bedingungs- oder situationsabhängig sind. Die wirtschaftliche Intensität liegt in dem Berechnungsbeispiel in jedem Falle zwischen den Intensitäten d = 25 und d = 30.
Bei der optimalen Intensität von d_{opt} = 18 liegt zwar das Stückkostenminimum, aber für eine marktorientierte bzw. gewinnorientierte Betrachtungsweise ist dies nicht relevant.

Kontrollfragen / Übungsaufgaben

18. Nennen Sie wesentliche Formen der Anpassung an veränderte Beschäftigungslagen. Welche Konsequenzen ergeben sich aus Anpassungsprozessen?
19. Erläutern Sie die zeitlich-intensitätsmäßige Anpassung anhand des Diagramms gemäß Abbildung 58. In welcher Schrittfolge sollte die zeitlich-intensitätsmäßige Anpassung erfolgen?
20. Aufgabe zur Anpassung an veränderte Beschäftigungslage:
Gegeben sind folgende Werte:
    - künftige Kundenauftragsmenge: $110 \left[\frac{\text{E.-Stück}}{\text{Tag}}\right]$,
    - tägliche Arbeitszeit (Normalarbeitszeit): $8 \left[\frac{\text{h}}{\text{Tag}}\right]$,
    - die variablen Stückkosten $\left[\frac{€}{\text{E.-Stück}}\right]$ verlaufen in Abhängigkeit von der Prozessintensität d nach folgender Funktion: $K_{v\,\text{Stück}} = 2d^2 - 40d + 400$, (Lohnkosten sind eingeschlossen)

Berechne:

a) Die optimale Intensität d_{opt}. Wieviel Erzeugnis-Stück (E.-Stück) konnten bisher bei Einhaltung der optimalen Intensität pro Tag (in der Normalarbeitszeit) produziert werden? Wie hoch sind die variablen Stückkosten $K_{v\,\text{Stück}}$ bei d_{opt}?

b) Der künftige Kundenbedarf soll bei Beibehaltung der optimalen Intensität pro Tag produziert werden. Demnach muss eine zeitliche Anpassung erfolgen. Welche Arbeitszeit ist notwendig? Ermittle die daraus entstehenden variablen Gesamtkosten $K_{v\,ges}$, wenn sich zusätzlich für die erforderliche Überstundenzeit eine Erhöhung der variablen Kosten um 15 % ergibt.

c) Der künftige Kundenbedarf soll ohne Inanspruchnahme von Überstunden täglich in der Normalarbeitszeit von 8 h produziert werden. Die Anpassung kann nur durch eine Erhöhung der Intensität d erfolgen. Ermittle die notwendige Intensität. Wie verändern sich die variablen Stückkosten $K_{v\,\text{Stück}}$? Ermittle die daraus entstehenden variablen Gesamtkosten $K_{v\,ges}$.

d) Nach einer weiteren Anpassungsvariante soll:
6 Stunden mit einer Intensität von d = 10 und
2 Stunden mit einer Intensität von d = 25 produziert werden.
Ermittle die aus dieser Kombination entstehenden variablen Gesamtkosten $K_{v\,ges}$.
Welche Anpassungsform (nach b, c oder d) ist die Kostengünstigste?

e) Zeichne die Intensitätsverläufe in ein Diagramm gemäß Abbildung 59.

5 Kurzüberblick zu weiteren Produktionsfunktionen

Die unterschiedlichen Eigenschaften der Beziehungen zwischen Einsatz/Bereitstellung/Verbrauch von Einsatzfaktoren oder Produktionsfaktoren und den Ausbringungsmengen (Input-Output-Beziehungen) in Produktionssystemen, charakterisiert durch die Begriffe totale oder partielle Substitution, lineare oder nichtlineare Limitionalität, lineare oder nichtlineare Homogenität oder Inhomogenität (vgl. Kapitel 1), führten in der betriebswirtschaftlichen Produktionstheorie zu einer Typisierung der Produktionsfunktionen. GUTENBERG hat mit der alphabetischen Bezeichnung der Produktionsfunktionen begonnen, die sich mit der Weiterentwicklung der Produktionstheorie fortgesetzt hat. Gleichzeitig werden mit den Typen auch die Namen der Autoren verbunden, die erstmalig einen bestimmten Typ entwickelt und veröffentlicht haben. Die Grundlagen der Produktions- und Kostentheorie wurden anhand der Produktionsfunktionen vom **Typ A** und **Typ B**, auch bezeichnet als Ertragsgesetz und Verbrauchsfunktion, behandelt. Der Übergang zu den entsprechenden Kostenfunktionen wurde vollzogen.

Die Produktionsfunktion vom **Typ C** stellt einen von HEINEN weiterentwickelte Produktionsfunktion vom Typ B dar. Der Produktionsprozess wird in kleinste Teilprozesse, sogenannte Elementarprozesse, zerlegt. Das ermöglicht,

- mit Hilfe technischer Verbrauchsfunktionen eindeutige Beziehungen zwischen Faktorverbrauch und den technisch-physikalischen Eigenschaften des Produktionssystems abzubilden und
- zwischen technischer und ökonomischer Leistung eindeutige Abhängigkeiten zu definieren und sie ökonomisch zu bewerten.

„Die Produktionsfunktion vom Typ C erfasst sowohl substitionale als auch limitionale Faktoreinsatzverhältnisse. Auf der Seite der Ausbringung unterscheidet HEINEN outputfixe und outputvariable Elementarkombinationen" (Blohm, Beer, Seidenberg, Silber, 1988, S.77) Durch die Bewertung der verbrauchten Faktoreinsatzmengen $r_{j\,k}$ der Faktorart j im Elementarprozess oder Produktionsstufe k mit den jeweiligen Faktorpreisen p erhält man in Analogie zum Typ B die Kostenfunktionen innerhalb der Elementarprozesse.

Die Produktionsfunktion Typ C stellte den Ausgangspunkt für die Entwicklung weiterer Produktionsfunktionen, Typ D, Typ E, Typ F dar, die sich vor allem durch ihre vorangestellten Abgrenzungskriterien und ihren Geltungsbereich unterscheiden.

Die Produktionsfunktion **Typ D** (KLOOCK) hat ebenfalls eine Zerlegung des betrieblichen Produktionsprozesses in Teilprozesse zum Inhalt. Für jeden Teilprozess werden gesonderte Produktionsfunktionen, als Transformationsfunktionen bezeichnet, gebildet. Mit der bisher behandelten Produktionsfunktion vom Typ B lassen sich nur einstufige Produktionsprozesse zur Herstellung von einteiligen Produkten abbilden. „Die Formulierung von Neben-(Rahmen-)bedingungen des Produktionsbereichs erfordert die exaktere Abbildung realer Produktionsprozesse, die insbesondere in der Serien- und Einzelproduktion meist mehrstufig sind und zur Herstellung mehrteiliger Produkte dienen. Solche Produktionsprozesse können mit Hilfe des allgemeinen Input-Output-Ansatzes für linear-limitionale Produktionsverhältnisse dargestellt werden, der den Kern der Produktionsfunktion vom Typ D bildet" (Hoitsch, 1993, S. 306).

Betriebswirtschaftliche Produktionsfunktionen

Produktions-funktionen	**Typ A** (Ertragsgesetz) (Turgot, v.Thünen)	**Typ B** (Verbrauchsfunktion) (Gutenberg)	**Typ C** (Heinen)	**Typ D** (Kloock)	**Typ E** (Küpper)	**Typ F** (Matthes)
wesentliche Charakterisierungs-merkmale	• partielle Substitionalität der Produktionsfaktoren • für industrielle Produktions- und Kostenplanung keine Bedeutung • bei Mehrfaktoren-einsatz > Kosten-minimierung durch Minimalkosten-kombination	• nichtlineare Limitionalität (Verbrauchsfunktion) und lineare Limitionalität (Leontief-Prod.-Funktion) • Basis der Prod.-funktionen Typen C, D, E, F • Grundlage der betriebswirtschaft-lichen Kostentheorie • Gesamtkosten-minimierung über die Bewertung der Faktorverbräuche	• Erweiterung und Verfeinerung des Typs B • Limitionalität und Substitionalität der Produktions-faktoren • Zerlegung des Gesamtprozesses in Elementar-prozesse • Ermittlung der Kostenfunktion durch die Faktor-bewertung innerhalb der Elementarprozesse	• Limitionalität und Substitionalität der Produktions-faktoren • mehrstufige und zyklische Produktionsprozesse • allgemeiner Input-Output-Ansatz, Typen A, B, C sind damit darstellbar	• Weiterentwicklung des Typs D unter Berücksichtigung von Zeitstrukturen im Produktions-prozess • enthält Wahl-möglichkeiten zur zeitlichen Verteilung des Faktoreinsatzes • spezielle Modell-bildung für die Serienproduktion	• Weiterentwicklung des Typs C unter Einbeziehung der Netzplantechnik • spezielle Modell-bildung für komplexe Produkte/ Projekte in der Einzelproduktion • Berücksichtigung von Geld-(Finanz-) Prozessen

Statische Produktionsfunktionen (Berücksichtigung der Mengenstruktur des Produktionsprozesses)	Dynamische Produktionsfunktionen (Berücksichtigung der Mengen- und Zeit-struktur des Produktionsprozesses)

Abbildung 66: Typen betriebswirtschaftlicher Produktionsfunktionen

Die Produktionsfunktionen vom Typ E und Typ F werden im Gegensatz zu den bisher genannten (statischen) Produktionsfunktionen als dynamische Produktionsfunktionen bezeichnet. Neben der Berücksichtigung der Mengenstruktur wird vor allem die Zeitstruktur von Produktionsprozessen berücksichtigt.
Bei der Produktionsfunktion **Typ E** (KÜPPER) beruht die Dynamisierung einerseits auf der Berücksichtigung des Lagerbestandes und seiner Veränderung und andererseits auf Einbeziehung von Verweilzeiten (Liege-, Transport- und Umschlagszeiten) in die Transformationsfunktionen der Teilprozesse. „Damit bietet es sich an, Handlungsalternativen in der Ablaufplanung (z.B. Losgrößen-, Reihenfolgeplanung, intensitätsmäßige Anpassung) in der Produktionstheorie zu berücksichtigen; auf diese Weise gelingt der Produktionsfunktion vom Typ E zugleich eine Erklärung des durch Entscheidungen im Produktionsablauf bedingten Faktorverbrauchs" (Ellinger, Haupt, 1990, S. 213).

Die Produktionsfunktion vom **Typ F** (MATTHES) bezieht sich insbesondere auf die Fertigungsstruktur von Projekten. Diese sind einerseits durch Systeme (komplexe Produkte), zwischen deren Elementen Relationen bestehen (untereinander vernetzt) und andererseits durch zeitliche und kapazitätsmäßige Restriktionen charakterisiert. Es werden ebenfalls Transformationsfunktionen verwendet, wobei durch Einbeziehung finanzwirtschaftlicher Tatbestände eine Erweiterung zur Produktionsfunktion vom Typ E erreicht wird. „Zusammenfassend kann die Produktionsfunktion vom Typ F dadurch gekennzeichnet werden, dass sie einige spezielle Merkmale der Funktionen vom Typ C und E aufgreift und mit netzplantechnischen und finanzwirtschaftlichen Sachverhalten integriert" (Ellinger, Haupt, 1990, S. 215).

6 Zusammenfassung

Mit den Kapiteln 1 und 2 wurden grundlegende Kenntnisse zum Anliegen produktions- und kostentheoretischer Überlegungen vermittelt. Es ist wichtig zu erkennen, dass es sowohl Abhängigkeiten zwischen der Ausbringungsmenge und den mengenmäßig bereitgestellten Produktions- oder Einsatzfaktoren als auch zwischen der Ausbringungsmenge und dem bewerteten Verbrauch von Einsatzfaktoren, als Kosten bezeichnet, gibt. Der Übergang von der Produktionsfunktion zur entsprechenden Kostenfunktion wird über die Umkehrung der Produktionsfunktion und die Bewertung des mengenmäßigen Verbrauches mittels der entsprechenden Faktorpreise vollzogen. Das aus der landwirtschaftlichen Produktion stammende Ertragsgesetz wurde in die Betriebswirtschaftslehre als Produktionsfunktion vom Typ A übernommen. Sie ist in der Regel für die Charakterisierung industrieller Prozesse nicht geeignet, bildet aber die Grundlage aller weiteren produktionstheoretischen Untersuchungen. Das Ertragsgesetz geht von der vereinfachten Betrachtung aus, dass bis auf einen Einsatzfaktor alle anderen Faktoren konstant gehalten werden. Für den Begriff Ausbringungsmenge wird gleichermaßen der Begriff Gesamtertrag als eine mengenmäßige Betrachtung verwendet. In Abhängigkeit vom Begriff Gesamtertrag wurden die Begriffe Grenzertrag, Durchschnittsertrag und Optimalpunkte des Ertragsgesetzes erläutert.

Bewertet man den Verbrauch des variablen Einsatzfaktors, so ergeben sich die entsprechenden Kosten für die Erzeugung der Ausbringungsmenge. Bei einer kostentheoretischen Betrachtung ist bedeutsam, dass der am Markt gewünschte Bedarf an Ausbringungsmengen die Basis für die Höhe der Kostenentwicklung ist. In Abhängigkeit von den Gesamtkosten wurden die Begriffe Grenzkosten, Gesamtdurchschnittskosten, variable Durchschnittskosten und kostenoptimale Punkte erläutert.
Alle bisherigen Betrachtungen bezogen sich auf die Variation eines Faktors. Bei der weiteren Behandlung der Produktionsfunktion Typ A wurde die Problematik der Variation mehrerer Produktionsfaktoren dargestellt. Insbesondere wurden die Begriffe Isoquante, Durchschnitts- und Grenzrate der Substitution sowie Minimalkostenkombination definiert. Anhand einer dreidimensionalen Darstellung, bestehend aus zwei Produktionsfaktoren und der Ausbringungsmenge konnte die konstante Ausbringungsmenge in einem Ertragsgebirge, als Isoquante bezeichnet, sichtbar gemacht werden. Es wurde die Ermittlung der Minimalkostenkombination sowohl mit Hilfe der Isokostenlinie als auch unter Zuhilfenahme partieller Ableitungen der Produktionsfunktion erläutert.
Mit den Kapiteln 3 und 4 wurden grundlegende Erkenntnisse zur Produktionsfunktion vom Typ B, auch als Verbrauchsfunktion bezeichnet, vermittelt. Das Grundverständnis der Produktionsfunktion vom Typ B beruht darauf, dass einerseits nur eine Mittelbarkeit der Input-Output-Beziehungen den Faktorverbrauch bestimmt und andererseits eine nicht freie Variierbarkeit von Faktoreinsatzmengen besteht. Entscheidend für das Verständnis zur Produktionsfunktion vom Typ B ist, dass sich bei industriellen Prozessen zwischen dem Input (Einsatz von Produktionsfaktoren) und dem Output (Ausbringungsmengen) ein technisches System befindet. Nichtlinear abhängig von der zu produzierenden Ausbringungsmenge „saugt“ das technische System gewissermaßen zum eigenen Funktionieren Produktionsfaktoren an. Der Faktorverbrauch des Produktionssystems ist in der Regel nichtlinear abhängig von seiner Intensität, sodass es möglich wird eine Intensität zu bestimmen, bei der der wertmäßig minimale Faktorverbrauch liegt. Diejenige Intensität, bei der das Kostenminimun aller Faktorverbräuche liegt, wird als optimale Intensität d_{opt} bezeichnet. Mit der Darstellung der daraus entstehenden Kostenverläufe wurden Voraussetzungen zum Fällen von Entscheidungen über die Art und Weise der Anpassung an veränderte Auftragslagen, in der betriebswirtschaftlichen Literatur als Beschäftigungslagen bezeichnet, geschaffen. In der betrieblichen Praxis sind vergleichenden Berechnungen mit den unternehmensbezogenen Kostenbestandteilen und der Höhe der spezifischen Kenngrößen auszufüllen. Eine Erweiterung der Betrachtungen erfolgte durch die Einbeziehung der Erlös- und Gewinnsituation. Bei einer komplexen betriebswirtschaftlichen Beurteilung der Prozessabläufe führt die nur einseitige Orientierung auf die Kostenentwicklung zu Fehlentscheidungen. Es wurde gezeigt, dass Entscheidungen zur Intensität und damit zur Anpassung an veränderte Beschäftigungslagen stets von der Gesamtzielsetzung eines Unternehmens abhängig sind. So führt beispielsweise die Zielsetzung „Gewinnmaximierung“ zu anderen Entscheidungen als die Zielsetzungen „maximale Bereitstellung von Ausbringungsmengen“ oder „Erringung höherer Marktanteile“. Abschließend wurde in Kapitel 5 ein knapper Überblick zu weiteren Produktionsfunktionen gegeben.

Glossar

Beschäftigung/Beschäftigungslagen Schwankender Bedarf am Markt führt zu periodenabhängig unterschiedlichen Auftragslagen für das produzierende Unternehmen. Die unterschiedlichen Auftragslagen werden in der betriebswirtschaftlichen Terminologie als Beschäftigung / Beschäftigungslagen bezeichnet.

Durchschnittsertrag Der Durchschnittsertrag des variablen Faktors (r_1), bezeichnet mit „e", wird bestimmt, indem der Gesamtertrag (Ausbringungsmenge m) durch die Einsatzmenge des variablen Faktors dividiert wird. Er gibt an, inwieweit der variable Faktor r_1 im Vergleich zu den konstanten Faktoren, zusammengefaßt unter r_c, zur Ertragssteigerung beiträgt.

Durchschnittsrate der Substitution Die Durchschnittsrate der Substitution wird durch den durchschnittlichen Anstieg zwischen 2 Punkten einer Kurve bestimmt. Sie sagt aus, um wieviel Anteile sich durchschnittlich die Einsatzmenge eines Faktors erhöhen muß, wenn sich die Einsatzmenge eines anderen Faktors verringert.

Durchschnittskosten Die Durchschnittskosten, bezeichnet mit $k_{(m)}$, sind Ausdruck der Stückkosten, bestehend aus einem fixen und variablen Kostenanteil. Man kann sie auch als Gesamtdurchschnittskosten bezeichnen. Sie werden errechnet, indem die Gesamtkosten durch die jeweilige Ausbringungsmenge dividiert werden.

Elementarkombination Entsteht aus der Zerlegung des (Gesamt-)Produktionsprozesses in Teil- oder Elementarprozesse. Die teilprozessabhängige (opt.) Kombination des Faktoreinsatzes wird als Elementarkombination bezeichnet.

Elementarprozess Es erfolgt eine Zerlegung des Gesamt-Produktionsprozesses in Teilprozesse. Sie werden als Elementarprozesse bezeichnet.

Expansionspfad Der Expansionspfad oder Minimalkostenlinie ergibt sich aus der Verbindungslinie der tangentialen Berührungspunkte zwischen Isoquanten und den Kostengeraden (Isokostenlinien), die durch die gleichen Verhältnisse zwischen 2 Faktorpreisen charakterisiert sind.

Faktoreinsatz Die Variation der Ausbringungsmenge in Abhängigkeit vom Bedarf des Marktes führt zwangsweise zur Variation des Faktoreinsatzes. Eine Faktorbeziehung wird als substitional bezeichnet, wenn es mehrere Faktoreinsatzkombinationen zur Erstellung einer bestimmten Ausbringungsmenge gibt. Die Einsatzfaktoren sind austauschbar, d.h. ein Mindereinsatz eines Faktors wird durch Mehreinsatz eines anderen Faktors ausgeglichen. Eine Faktorbeziehung wird als limitional bezeichnet, wenn es für jede Ausbringungsmenge nur jeweils eine Faktorkombination gibt. Die Einsatzfaktoren sind nicht austauschbar. Bei Verringerung der Einsatzmenge nur eines Faktors verringert sich bereits die Ausbringungsmenge.

Gesamtertrag Als Gesamtertrag wird die Ausbringungsmenge m bezeichnet, die sich in Abhängigkeit von der Variation der Einsatzfaktoren einstellt. Bei der Variation eines variablen Faktors r_v und dem Konstanthalten aller anderen Einsatzfaktoren, zusammengefasst als Faktor r_c, gilt: $m = f(r_v, r_c)$.

Gesamtkosten Die Gesamtkosten bei einer ertragsgesetzlichen Kostenfunktion verlaufen in Abhängigkeit von der Steigerung der Ausbringungsmenge nicht linear. So wie der Gesamtertrag zuerst progressiv und dann degressiv steigt, haben die Gesamtkosten durch die Umkehrung der Produktionsfunktion zuerst ein degressives und danach ein progressives Verhalten.

Grenzertrag Der Grenzertrag, bezeichnet mit „g", ist der Ertragszuwachs (Zuwachs an Ausbringungsmenge m), der durch den Einsatz der jeweils letzten Einheit des variablen Produktionsfaktors (r_1) erzielt wird. Der Grenzertrag kennzeichnet den jeweiligen Anstieg an einem gewählten Punkt der Gesamtertragskurve.

Grenzkosten Die Grenzkosten, bezeichnet mit K′, sind Ausdruck des Anstiegsverhaltens der Gesamtkostenkurve. Sie geben Auskunft darüber, wie sich die Gesamtkosten bei einer infinitesimalen Veränderung der Ausbringungsmenge m verhalten.

Grenzrate der Substitution Die Einsatzmenge eines Produktionsfaktors (z.B. r_1), die notwendig ist, um eine Einheit des anderen Produktionsfaktors (z.B. r_2) bei konstanter Ausbringungsmenge zu ersetzen, bezeichnet man als Grenzrate der Substitution oder als Substitutionsverhältnis oder auch als Substitutionsrate. Der gebräuchlichere Begriff ist Grenzrate der Substitution. Die Substitutionsmenge des Faktors r_1 verhält sich zur Substitutionsmenge des Faktors r_2, wie der Grenzertrag des Faktors r_2 zum Grenzertrag des Faktors r_1. Es gilt: $\frac{dr_1}{dr_2} = \frac{m'_{r_2}}{m'_{r_1}}$

Homogenität Da die proportionale Veränderung aller Einsatzfaktoren zur Veränderung des Produktionsniveaus führt, spricht man in diesen Fällen von einer Niveauvariation. Die unterschiedlichen Niveauvariationen werden mit dem Begriff der Homogenität erfasst und können mit dem jeweiligen Grad der Homogenität charakterisiert werden.

Intensität Als Intensität wird jener Leistungsgrad bezeichnet, der von einer Produktionsanlage/Aggregat abverlangt wird. Die Intensität kann gleich oder kleiner des technisch maximal möglichen Leistungsgrades sein.

Intensitätsmäßige Anpassung Durch Veränderung der Intensität kann sich an veränderte Beschäftigungslagen angepasst werden. Das Grundprinzip der Veränderung der Ausbringungsmengen bei intensitätsmäßiger Anpassung besteht darin, daß man bei Konstanthalten der Fertigungszeit durch Veränderung der Intensität eine Veränderung der Ausbringungsmenge erreicht.

Isokostenlinie Die Isokostenlinie ist der geometrische Ort aller beliebigen Faktorkombinationen, die sich mit einem gegebenen variablen Gesamtkostenbetrag verwirklichen lassen. Gibt man einen konstanten Kostenbetrag vor, so kann daraus die Faktorkombination errechnet werden, die bei einem gegebenen Kostenlimit die größtmögliche Ausbringungsmenge ermöglicht.

Isoquante Die Isoquante ist eine Linie konstanter Ausbringungsmenge, die sich durch unterschiedliche Faktoreinsatzmengen unter den Bedingungen substitionaler Faktorverhältnisse erreichen läßt.

Kostenfunktion Die Kostenfunktion drückt den funktionellen Zusammenhang zwischen den Ausbringungsmengen und dem bewerteten Verbrauch an Produktionsfaktoren aus, K=f (m). Das mit Hilfe der Produktionstheorie ermittelte Mengengerüst der Produktion wird von der Kostentheorie um ein Wertgerüst ergänzt. Der mengenmäßige Verbrauch der Produktionsfaktoren wird mit Hilfe seiner Preise bewertet, sodass ein wertmäßiger Faktorverbrauch ausgewiesen werden kann.

Kybernetik (griech. Steuermannskunst), Wissenschaft von den kybernetischen Systemen, d.h. von abstrakten Systemen, die als theoretische Analogiemodelle wesentliche, allgemeingültige Eigenschaften dynamischer Systeme in den verschiedenen Bereichen der Realität widerspiegeln. Sie versucht, gleiche Funktionen und Strukturen in den Einzelwissenschaften aufzudecken und abstrahiert von der stofflichen und energetischen Beschaffenheit der zu untersuchenden Prozesse und Systeme.

Leontief-Produktionsfunktion Die Leontief-Produktionsfunktion ist durch lineare Limitionalität des Faktorverbrauchs gekennzeichnet. Proportionale Veränderungen der Faktoreinsatzmengen führen zur proportionalen Veränderung der Ausbringungsmenge. Eine Veränderung der Ausbringungsmenge ist durch eine partielle Faktorvariation nicht möglich.

Limitionalität (siehe Faktoreinsatz)

Minimalkostenkombination Die Minimalkostenkombination gibt an, welche Größe substitionale Produktionsfaktoren bei einer definierten Ausbringungsmenge annehmen müssen, wenn der Faktorverbrauch unter Inanspruchnahme minimaler variabler Gesamtkosten erfolgen soll. Die Faktorpreise wirken als ökonomisches Regulativ. Die Minimalkostenkombination ist dann erreicht, wenn sich die Grenzerträge der Produktionsfaktoren verhalten wie ihre Preise.

Es gilt: $\frac{m'_{r_1}}{m'_{r_2}} = \frac{p_1}{p_2}$; oder $\frac{\frac{\delta m}{\delta r_1}}{\frac{\delta m}{\delta r_2}} = \frac{p_1}{p_2}$

Minimalkostenlinie (Siehe Expansionspfad)

Optimale Intensität Unter der optimalen Intensität versteht man jene Intensität (abgeforderter technischer Leistungsgrad), bei der das Gesamtkostenminimum aus dem Verbrauch aller Produktionsfaktoren entsteht. Der Begriff "optimale Intensität" ist somit stets an das Gesamtkostenminimum gebunden.

Produktionsfunktion Eine Produktionsfunktion drückt den funktionellen Zusammenhang zwischen der Menge an Endprodukten und der Menge an Einsatzgütern, d.h., die prozessbezogene Abhängigkeit zwischen den Ausbringungsmengen m_i (i= 1, 2, ..., m) und den eingesetzten Mengen an Produktionsfaktoren r_j (j= 1, 2, ..., n) aus. In der Regel wird ein mathematischer Zusammenhang formuliert, der jedoch nicht zwingend ist. Produktionsfunktionen können auch als Relationen formuliert werden.

Qualitative Anpassung Unter einer qualitativen Anpassung an veränderte Beschäftigungslagen wird die Veränderung der qualitativen Zusammensetzung der Potentialfaktoren verstanden. So können beispielsweise bei zeitweiser Verringerung der Beschäftigung kostenungünstigere Maschinen zuerst stillgelegt werden.

Quantitative Anpassung Bei einer quantitativen Anpassung wird die Menge der Potentialfaktoren gleicher Qualität vergrößert/verringert (Verkauf von BM, Umsetzung/Entlassung von Ak). Eingeschlossen in die quantitative Anpassung ist auch eine grundsätzliche Betriebsgrößenveränderung als Maßnahme einer langfristigen Anpassung.

Substitionalität (siehe Faktoreinsatz)

System Ein System besteht aus einer Menge von Elementen und Relationen zwischen ihnen. Es wird als ein zusammenhängendes Ganzes, als Ganzheit betrachtet. Die ganzheitliche Behandlung komplexer und komplizierter Sachverhalte wird durch die jeweilige Systemgrenze in Abhängigkeit von der Betrachtungs- oder Hierarchieebene bestimmt. Die für den Untersuchungszweck kleinste, nicht weiter notwendig zerlegbare Einheit, auch als Teilsystem bezeichnet, wird als Element definiert.

Technischer Leistungsgrad Die Begriffe Leistungsgrad, technischer Leistungsgrad, optimaler Leistungsgrad, Intensität, optimale Intensität werden oft in der betriebswirtschaftlichen Literatur synonym verwendet und führen bei der Erläuterung produktionstheoretischer Zusammenhänge oft zu Verständigungsschwierigkeiten. Der Begriff des technischen Leistungsgrades drückt aus, zu welchem mengenmäßigen Ausstoß beispielsweise ein Produktionssystem maximal in einer Zeiteinheit technisch in der Lage sein kann oder zu welcher Fördermenge eine Hydraulikpumpe pro Zeiteinheit auf Grund ihrer technischen Konstruktion maximal in der Lage ist, usw. Der technische Leistungsgrad wird durch spezifische technische Kenngrößen ausgedrückt.

Verbrauchsfunktion Das Grundverständnis der Verbrauchsfunktion (Produktionsfunktion vom Typ B) beruht darauf, dass einerseits nur eine Mittelbarkeit der Input-Output-Beziehungen den Faktorverbrauch bestimmt und andererseits eine nicht freie Variierbarkeit von Faktoreinsatzmengen besteht. Entscheidend für das Verständnis der Verbrauchsfunktion ist, dass sich bei industriellen Prozessen zwischen dem Input (Einsatz von Produktionsfaktoren) und dem Output (Ausbringungsmengen) ein technisches System/Aggregat befindet. Nichtlinear abhängig von der zu produzierenden Ausbringungsmenge "verbraucht" das technische System zum eigenen Funktionieren und der Realisierung der Ausbringungsmenge Produktionsfaktoren.

Zeitliche Anpassung Das Grundprinzip der Veränderung der Ausbringungsmengen bei zeitlicher Anpassung an veränderte Beschäftigungslagen besteht darin, dass man bei einer definierten Intensität durch die Verlängerung der Fertigungszeit eine Erhöhung der Ausbringungsmenge erreicht. Bei Verringerung der Beschäftigung wird durch die Verringerung der Fertigungszeit bei einer definierten Intensität die Ausbringungsmenge abgesenkt.

Zeitlich-intensitätsmäßige Anpassung Das Grundprinzip der Veränderung der Ausbringungsmenge bei zeitlich-intensitätsmäßiger Anpassung besteht darin, dass sowohl eine zeitliche Anpassung als auch eine intensitätsmäßige Anpassung durch Veränderung der Fertigungszeit und Veränderung der Intensität angewendet wird. Damit entsteht eine Kombination aus zeitlicher und intensitätsmäßiger Anpassung. Es tritt sowohl eine Verlängerung / Verringerung der Fertigungszeit als auch eine Erhöhung / Verringerung der Intensität ein.

Lösungen der Fragen und Übungsaufgaben

zu 1. Eine **Produktionsfunktion** beschreibt die Zusammenhänge zwischen den eingesetzten Produktionsfaktoren, auch Einsatzfaktoren genannt, und den Ausbringungsmengen. Dabei sind zweierlei Betrachtungen möglich. Einerseits ist die Ausbringungsmenge abhängig von den bereitgestellten Produktionsfaktoren und andererseits sind die verbrauchten Produktionsfaktoren abhängig von der herzustellenden Ausbringungsmenge. Eine **Kostenfunktion** beschreibt die Zusammenhänge zwischen der Ausbringungsmenge und den bewerteten Verbräuchen der Produktionsfaktoren. Die Bewertung der Produktionsfaktoren erfolgt mit Hilfe ihrer Preise. Die unabhängige Variable ist stets die Ausbringungsmenge.

zu 2. **Substitionalität** der Faktorbeziehungen beinhaltet den alternativen oder totalen bzw. den peripheren oder teilweisen Ersatz eines Produktionsfaktors durch einen anderen Produktionsfaktor. Somit stehen die Produktionsfaktoren in keiner festen Relation zu einander oder in einer festen Relation zur Ausbringungsmenge. Der Ausfall eines Produktionsfaktors kann durch Mehreinsatz eines oder mehrerer anderer Produktionsfaktoren kompensiert werden. **Limitionalität** der Faktorbeziehungen beinhaltet feststehende Verhältnisse zwischen den Produktionsfaktoren bzw. zwischen ihnen und der Ausbringungsmenge. Lineare Limitionalität bedeutet, dass alle Produktionsfaktoren in einem konstanten Verhältnis bei Veränderung der Ausbringungsmenge bleiben. Nichtlineare Limitionalität beschreibt, dass sich mindestens ein Produktionsfaktor bei Variation der Ausbringungsmenge ändert, ohne dass er gänzlich wegfällt.

zu 3. Die Ertragsfunktion, **Produktionsfunktion vom Typ A**, wird durch einen **S-förmigen Verlauf** der Ausbringungsmenge, auch als Gesamtertrag bezeichnet, in Abhängigkeit von der Erhöhung eines variablen Faktors charakterisiert. Die Phase I reicht bis zum Wendepunkt der Gesamtertragsfunktion und ist durch ein überproportionales Anwachsen des Gesamtertrags gegenüber der Steigerung des variablen Faktors gekennzeichnet. Die Grenzerträge nehmen zu. Die Phase II erstreckt sich vom Wendepunkt der Gesamtertragskurve oder dem Maximum der Grenzertragskurve bis zum Maximum der Durchschnittsertragskurve. Diese Phase ist durch ein unterproportionales Anwachsen des Gesamtertrages, dem Sinken des Grenzertrages und dem Ansteigen des Durchschnittsertrages gekennzeichnet. Die Phase III erstreckt sich vom Maximum des Grenzertrages bis zum Maximum des Gesamtertrages. Die Phase III ist gekennzeichnet durch noch ein geringes Anwachsen des Gesamtertrages, Grenzertrag und Durchschnittsertrag fallen. Die Phase IV liegt nach dem Maximum des Gesamtertrages. Bei weiterer Steigerung der Einsatzmengen des variablen Produktionsfaktors fällt der Gesamtertrag, sodass dieser Bereich betriebswirtschaftlich uninteressant ist.

zu 4.

Phasen	variabler Faktor r_1	Ausbringungsmenge m	Intervallbreite
Phase I	$r_1 = 3$	$m = 81$	$0 < r_1 \leq 3$
Phase II	$r_1 = 4{,}5$	$m = 131{,}6$	$3 < r_1 \leq 4{,}5$
Phase III	$r_1 = 6{,}46$	$m = 164{,}1$	$4{,}5 < r_1 \leq 6.46$

zu 5. Die Beziehung m=f (r_n) drückt aus, dass sich die Ausbringungsmenge m in Abhängigkeit von den bereitgestellten Produktionsfaktoren ergibt. In dieser Abhängigkeit stellen die Produktionsfaktoren die unabhängigen Variablen dar. Beim **Übergang zur Kostenfunktion** müssen die Einsatzmengen der Produktionsfaktoren mit ihren Preisen bewertet werden, sodass jetzt eine Kostengröße entsteht. Damit wären jetzt die Kosten die unabhängige Variable. Da sich aber in der Praxis nicht die Ausbringungsmenge in Abhängigkeit von den Kosten, sondern in Abhängigkeit vom Bedarf des Marktes ergibt, muss die Ausbringungsmenge als unabhängige Variable gelten. Daraus ergibt sich die Funktion K=f (m). Die Kosten sind eine Funktion der Ausbringungsmengen m. Der Übergang von der Produktionsfunktion zur Kostenfunktion wird über den Zwischenschritt der Umkehrung der Produktionsfunktion vollzogen.

zu 6. In Abhängigkeit von der Steigerung der Ausbringungsmenge m hat die **Gesamtkostenkurve** beim Ertragsgesetz ebenfalls einen **S-förmigen Verlauf**. Der Anstieg der Gesamtkostenkurve wird durch den Verlauf der **Grenzkosten** charakterisiert. Die **(Gesamt-)Durchschnittskosten** ergeben sich aus der Division der Gesamtkosten durch die jeweilige Ausbringungsmenge m. Neben den fixen Kosten K_f wird der Verlauf der Gesamtkostenfunktion wesentlich durch den Anteil der variablen Kosten K_v bestimmt. Die Division der variablen Kosten durch die Ausbringungsmenge m ergibt die **variablen Durchschnittskosten**.

zu 7. **Die Phase I** der ertragsgesetzlichen Kostenfunktion ist durch den degressiven Anstieg der Gesamtkostenkurve bis zu ihrem Wendepunkt gekennzeichnet. Die Grenzkostenkurve fällt bis zu ihrem Minimum. **Die Phase II** erstreckt sich vom Minimum der Grenzkostenkurve bis zum Minimum der variablen Durchschnittskostenkurve. In dieser Phase beginnen die Gesamtkosten überproportional zu wachsen. **Die Phase III** erstreckt sich vom Minimum der variablen Kostenkurve bis zum Minimum der (Gesamt-) Durchschnittskostenkurve. Während die (Gesamt-)Durchschnittskosten noch fallen, ist ein starker Anstieg der Grenzkosten und der variablen Durchschnittskosten zu verzeichnen, sodass die Gesamtkosten überproportional mit jetzt höheren Steigungsmaßen anwachsen. **Die Phase IV** ist durch ein sehr starkes Anwachsen der Gesamtkosten, verursacht durch das Steigen der Grenzkosten, der variablen Durchschnittskosten und der (Gesamt-) Durchschnittskosten gekennzeichnet.

zu 8.

Phasen	**Ausbringungsmenge m**	**Gesamtkosten K_{ges}**	**Intervallbreite von m**
Phase I	m = 33,33	K_{ges} = 3312,37	$0 < m \leq 33{,}33$
Phase II	m = 50	K_{ges} = 4470,--	$33{,}33 < m \leq 50$
Phase III	m = 60 (gegeben)	K_{ges} = 5280,--	$50 < m \leq 60$

zu 9. **Substitionaler Faktoreinsatz** bedeutet, dass z.B. zwei oder mehrere Produktionsfaktoren gegeneinander total oder in bestimmten Grenzen, als periphere- oder Randsubstitution bezeichnet, ausgetauscht werden können. Somit kann eine konstante Ausbringungsmenge mit unterschiedlichen Mengenkombinationen von Produktionsfaktoren erreicht werden. Bei einem **limitionalen Faktoreinsatz** stehen die Produktionsfaktoren in einem festen Verhältnis zur Ausbringungsmenge und damit auch in einer festen Relation zueinander. Der knappste Faktor bestimmt die Höhe der Ausbringungsmenge.

zu 10. In einem Ertragsgebirge (dreidimensionale Darstellung) stellt die **Isoquante** eine konstante Höhenlinie dar und ist somit Ausdruck einer konstanten Ausbringungsmenge. Die Isoquante ist eine Linie konstanten Ertrages, abgeleitet aus dem Begriff eines konstanten Quantums an Ausbringungsmenge.

zu 11. Die Einsatzmenge eines Produktionsfaktors (z.B. r_1), die notwendig ist, um eine Einheit des anderen Produktionsfaktors (z.B. r_2) bei konstanter Ausbringungsmenge zu ersetzen, bezeichnet man als **Grenzrate der Substitution** oder als Substitutionsverhältnis oder auch als Substitutionsrate. Der gebräuchlichere Begriff ist Grenzrate der Substitution. Die Substitutionsmenge des Faktors r_1 verhält sich zur Substitutionsmenge des Faktors r_2, wie der Grenzertrag des Faktors r_2 zum Grenzertrag des Faktors r_1.

Es gilt die Beziehung: $\frac{dr_1}{dr_2} = \frac{m'_{r_2}}{m'_{r_1}}$.

zu 12. Die **Minimalkostenkombination** gibt an, welche Größe substitionale Produktionsfaktoren bei einer definierten Ausbringungsmenge annehmen müssen, wenn der Faktorverbrauch unter Inanspruchnahme minimaler variabler Gesamtkosten erfolgen soll. Die Faktorpreise wirken als ökonomisches Regulativ.
Die Minimalkostenkombination ist dann erreicht, wenn sich Grenzerträge der Produktionsfaktoren verhalten wie ihre Preise.

Es gilt: $\frac{m'_{r_1}}{m'_{r_2}} = \frac{p_1}{p_2}$; oder $\frac{\frac{\delta m}{\delta r_1}}{\frac{\delta m}{\delta r_2}} = \frac{p_1}{p_2}$.

zu 13.
Aufgabe 13 a:
Ermittlung der Minimalkostenkombination und der minimalen Gesamtkosten.
Ausgangspunkt: Kostenfunktion

$K_v = p_1 \cdot r_1 + p_2 \cdot r_2$ $\qquad m = 2r_1 \cdot r_2$

$K_v = 3r_1 + 2r_2$ $\qquad \frac{48}{2r_1} = r_2 \Rightarrow \frac{24}{r_1} = r_2$

$K_v = 3r_1 \cdot 2 \cdot \frac{24}{r_1}$ ← für r_2 einsetzen

$$K' = 3 - \frac{48}{r_1^{\,2}} \quad \Rightarrow \quad K' = 0$$

$$3r_1^{\,2} = 48 \quad \Rightarrow \quad r_1 = \sqrt{16} \quad \Rightarrow \quad r_1 = \underline{\underline{4}} \ [ME]$$

$$\frac{24}{r_1} = r_2 \quad \Rightarrow \quad r_2 = \underline{\underline{6}} \ [ME]$$

$$K_{v_{ges}} = 3 \cdot 4 + 2 \cdot 6 = \underline{\underline{24}} \ [€]$$

Aufgabe 13 b:

Ermittlung der Kostenfunktion K=f (m) bei partieller Faktorvariation von r_2 und konstantem Faktor $r_1 = 8$.

$$K_v = p_1 \cdot r_1 + p_2 \cdot r_2 \qquad m = 2r_1 \cdot r_2$$

$$K_v = 3r_1 + 2r_2 \qquad \frac{m}{2r_1} = r_2$$

$$K_v = 3r_1 + \frac{m}{r_1} \quad \Rightarrow \quad K_v = \underline{\underline{24 + \frac{m}{8}}}$$

Aufgabe 13 c:

Ermittlung der Kostenfunktion K=f (m) bei peripherer Faktorvariation unter Beachtung der Minimalkostenkombination.

$$\frac{m'_{r_1}}{m'_{r_2}} = \frac{p_1}{p_2}; \text{ oder } \frac{\frac{\delta m}{\delta r_1}}{\frac{\delta m}{\delta r_2}} = \frac{p_1}{p_2} \quad \Rightarrow \quad \frac{2r_2}{2r_1} = \frac{3}{2} \quad \Rightarrow r_2 = \frac{3}{2} r_1; \quad \Rightarrow r_1 = \frac{2}{3} r_2$$

$$m = 2r_1 \cdot r_2; \ m = 2r_1 \cdot \frac{3}{2} r_1 \quad \Rightarrow \quad m = 3r_1^{\,2} \quad \Rightarrow r_1 = \underline{\underline{\sqrt{\frac{m}{3}}}}; \qquad r_2 = \frac{3}{2} r_1 \quad \Rightarrow \quad r_2 = \underline{\underline{\frac{3}{2}\sqrt{\frac{m}{3}}}}$$

$$K_v = p_1 \cdot r_1 + p_2 \cdot r_2; \qquad K_v = 3r_1 + 2r_2 \quad \Rightarrow \quad K_v = 3\sqrt{\frac{m}{3}} + 2 \cdot \frac{3}{2}\sqrt{\frac{m}{3}} \quad \Rightarrow \quad K_v = \underline{\underline{6\sqrt{\frac{m}{3}}}}$$

Zur Probe können die Werte aus der Aufgabenstellung eingesetzt und es müssen sich die Ergebnisse aus Aufgabe 13 a ergeben. m= 48 eingesetzt, ergibt:

$$r_1 = \sqrt{\frac{m}{3}}; \quad r_1 = \sqrt{\frac{48}{3}}; \quad r_1 = \sqrt{16}; \quad r_1 = \underline{\underline{4}}$$

$$r_2 = \frac{3}{2}\sqrt{\frac{m}{3}}; \quad r_2 = \frac{3}{2}\sqrt{\frac{48}{3}}; \quad r_2 = \frac{3}{2}\sqrt{16}; \quad r_2 = \underline{\underline{6}}$$

$$K_v = 6\sqrt{\frac{m}{3}}; \ K_v = 6\sqrt{\frac{48}{3}}; \ K_v = 6\sqrt{16}; \ K_v = \underline{\underline{24}} \ .$$

zu 14. Die Beschreibung der Input-Output-Beziehungen in einem industriellen Produktionssystem ist mit der Anwendung der Produktionsfunktion Typ A (Ertragsgesetz) vor allem deshalb nicht geeignet, weil

- die Ertragserwirtschaftung nicht durch das Konstanthalten eines Faktors und der Variabilität nur eines anderen Faktors erfolgt und
- in einem industriellen Prozess, z.B. in einem Mensch-Maschine-System, mehrere Produktionsfaktoren limitional und substitional zum Ertrag beitragen.

zu 15. Die Grundannahmen zur Produktionsfunktion Typ B (Verbrauchsfunktion) lassen sich auf die zwei Sachverhalte:

- die Mittelbarkeit der Input-Output-Beziehungen und
- die nicht freie Variierbarkeit der Faktoreinsatzmengen

zurückführen.

Die an einer Produktion beteiligten Produktionsfaktoren gehen auf verschiedene Weise in das Produkt ein. Bei der Behandlung der Produktionsfaktoren wird zwischen Betriebsmitteln (beispielsweise Maschinen oder Werkzeuge) und den übrigen Produktionsfaktoren - beispielsweise Rohstoffe - unterschieden. Die Produktionsfaktoren, wie Rohstoffe, Material, von Zulieferern bezogene Einzelteile, Baugruppen, usw. gehen unmittelbar in das Endprodukt ein. Die Produktionsfaktoren, wie Energie, Werkzeuge, Maschinen, Anlagen, usw. gehen aber nur mittelbar in das Endprodukt ein. Die Produktionsfunktion Typ B interpretiert, dass es im wesentlichen keine direkten Input-Output-Beziehungen in der Form „die Ausbringungsmenge m ist eine Funktion der eingesetzten Produktionsfaktoren r_n, $m = f(r_n)$“, gibt, nach der eine (autonome) Faktänderung der zwingend eine Änderung der Ausbringungsmenge m auf der Basis eines funktionalen Zusammenhangs hervorruft. Den Kernpunkt des GUTENBERG-Ansatzes stellt die „Verbrauchsfunktion“ dar. Sie sieht den Faktorverbrauch abhängig von den Eigenschaften des technischen Systems.

zu 16. Der Begriff des **technischen Leistungsgrades** drückt aus, zu welchem mengenmäßigen Ausstoß beispielsweise ein Produktionssystem maximal in einer Zeiteinheit technisch in der Lage sein kann. Der technische Leistungsgrad wird durch spezifische technische Kenngrößen ausgedrückt.

Beispiele:

- Volumendurchfluss einer Wasserpumpe $\left[\frac{m^3}{min}\right]$
- Kapazität einer Fertigungsanlage $\left[\frac{Stück}{h}\right]$; $\left[\frac{Stück}{Std.}\right]$

Als **Intensität d** bezeichnet man denjenigen Leistungsgrad, der von einem System abgefordert wird. Er kann gleich dem maximal technisch möglichen Leistungsgrad sein oder einem geringeren Niveau entsprechen. Wenn man aus betriebswirtschaftlicher Sicht auf eine Kostenminimierung orientiert ist, dann ist jene Intensität abzufordern, bei der ein Gesamtkostenminimum aus dem Verbrauch aller eingesetzten Produktionsfaktoren entsteht. Unter der optimalen Intensität d_{opt}. versteht man jene Intensität d (abgeforderter Leistungsgrad), bei der das Gesamtkostenminimum aus dem Verbrauch aller am Prozess beteiligten Produktionsfaktoren entsteht. Der Begriff „optimale Intensität" ist somit stets an das Gesamtkostenminimum gebunden.

zu 17. Folgenden Maßeinheiten gelten für die Lösung:
ME = Mengeneinheiten; E.-Stück = Erzeugnis-Stück h = Stunde
Faktorverbrauch (r_1, r_2) $\left[\frac{ME}{E.-Stück}\right]$

täglicher Faktorverbrauch $(r_{1\,tägl}\ ;\ r_{2\,tägl})$ $\left[\frac{ME}{Tag}\right]$

Intensität d, optimale Intensität d_{opt} $\left[\frac{E.-Stück}{h}\right]$

variable Stückkosten K_{vStck} $\left[\frac{€}{E.-Stück}\right]$

17 a) Für die Berechnung des täglichen Verbrauches von r_1 und r_2 muss zuerst die optimale Intensität berechnet werden. Sie ist an das Stückkostenminimum gebunden. Die Lösung erfolgt über die Aufstellung der Kostenfunktion. Da die Werte für r_1 und r_2 in Abhängigkeit von einer Intensität noch nicht bekannt sind, müssen die Verbrauchsfunktionen für r_1 und r_2 in die Kostenfunktion eingesetzt werden.

$$K_{vStück} = p_1 \cdot r_1 + p_2 \cdot r_2\ ;\quad K_{vStück} = 2(2d^2 - 16d + 40) + 2(d^2 - 14d + 60)$$

$K_{vStück} = 6d^2 - 60d + 200 \Rightarrow$ 1. Ableitung gleich Null setzen,

$$K_{vStück}' = 12d - 60 \quad \Rightarrow \quad 12d - 60 = 0 \quad \Rightarrow \quad d_{opt} = \underline{\underline{5}} \quad \left[\frac{E.-Stück}{h}\right]$$

Der Verbrauch von r_1 und r_2 je Erzeugnis-Stück ergibt sich durch Einsetzen der optimalen Intensität in die Verbrauchsfunktionen von r_1 und r_2.

$$r_1 = 2d^2 - 16d + 40 \quad \Rightarrow \quad r_1 = 50 - 80 + 40 \quad \Rightarrow \quad r_1 = \underline{\underline{10}} \quad \left[\frac{ME}{E.-Stück}\right]$$

$$r_2 = d^2 - 14d + 60 \quad \Rightarrow \quad \Rightarrow \quad r_2 = \underline{\underline{15}} \quad \left[\frac{ME}{E.-Stück}\right]$$

Der tägliche Verbrauch von r_1 und r_2 ergibt sich nach:

$$r_{1\,tägl} = r_1 \cdot d_{opt} \cdot t\ ;\quad r_{1\,tägl} = 10 \cdot 5 \cdot 8 \quad \left[\frac{ME \cdot E.-Stück \cdot h}{E.-Stück \cdot h \cdot Tag}\right] \quad \Rightarrow \quad r_{1_{tägl}} = \underline{\underline{400}} \quad \left[\frac{ME}{Tag}\right]$$

$$r_{2\,tägl} = r_1 \cdot d_{opt} \cdot t;\quad r_{2\,tägl} = 15 \cdot 5 \cdot 8 \quad \left[\frac{ME \cdot E.-Stück \cdot h}{E.-Stück \cdot h \cdot Tag}\right] \quad \Rightarrow \quad r_{2_{tägl}} = \underline{\underline{600}} \quad \left[\frac{ME}{Tag}\right]$$

17 b) Für die Berechnung der täglichen Ausbringungsmenge gilt:

$$m = d \cdot t \quad \left[\frac{\text{E.}-\text{Stück} \cdot \text{h}}{\text{h} \cdot \text{Tag}} = \frac{\text{E.}-\text{Stück}}{\text{Tag}}\right],$$

für $d_{opt} = 5 \quad \left[\frac{\text{E.}-\text{Stück}}{\text{h}}\right]$ und $t = 8 \quad \left[\frac{\text{h}}{\text{Tag}}\right]$ ergibt sich:

$$m = d_{opt} \cdot t \Rightarrow m = 5 \cdot 8 \Rightarrow m = \underline{\underline{40}} \quad \left[\frac{\text{E.}-\text{Stück}}{\text{Tag}}\right]$$

17 c) Wenn r_1 minimiert werden soll, ist die Verbrauchsfunktion von r_1 über das Nullsetzen der 1. Ableitung zu minimieren und daraus die entsprechende Intensität d zu berechnen. Die ermittelte Intensität dient dann zur Berechnung der Verbräuche von r_1 und r_2.

$$r_1 = 2d^2 - 16d + 40 \;;\quad r_1' = 4d - 16 \quad \Rightarrow \quad 4d - 16 = 0 \quad \Rightarrow \quad d = \underline{\underline{4}} \quad \left[\frac{\text{E.}-\text{Stück}}{\text{h}}\right]$$

d = 4 in die Verbrauchsfunktionen r_1 und r_2 einsetzen:

$$r_1 = 2d^2 - 16d + 40 \Rightarrow r_1 = 32 - 64 + 40 \Rightarrow r_1 = \underline{\underline{8}} \quad \left[\frac{\text{ME}}{\text{E.}-\text{Stück}}\right]$$

$$r_2 = d^2 - 14d + 60 \Rightarrow r_2 = 16 - 56 + 60 \Rightarrow r_2 = \underline{\underline{20}} \quad \left[\frac{\text{ME}}{\text{E.}-\text{Stück}}\right]$$

Bei Beibehaltung der Ausbringungsmenge von $m = 40 \quad \left[\frac{\text{E.}-\text{Stück}}{\text{Tag}}\right]$ muss bei $d = 4 \quad \left[\frac{\text{E.}-\text{Stück}}{\text{h}}\right]$ länger produziert werden. Die Zeit t errechnet sich aus:

$$m = d \cdot t, \Rightarrow t = \frac{m}{d}, \Rightarrow t = \frac{40}{4} = 10 \quad \left[\frac{\text{h}}{\text{Tag}}\right].$$

Der tägliche Verbrauch von r_1 und r_2 ergibt sich jetzt nach:

$$r_{1\,tägl} = r_1 \cdot d \cdot t \;;\quad r_{1\,tägl} = 8 \cdot 4 \cdot 10 \quad \left[\frac{\text{ME} \cdot \text{E.}-\text{Stück} \cdot \text{h}}{\text{E.}-\text{Stück} \cdot \text{h} \cdot \text{Tag}}\right] \Rightarrow r_{1_{tägl}} = \underline{\underline{320}} \quad \left[\frac{\text{ME}}{\text{Tag}}\right]$$

$$r_{2\,tägl} = r_1 \cdot d \cdot t \;;\quad r_{2\,tägl} = 20 \cdot 4 \cdot 10 \quad \left[\frac{\text{ME} \cdot \text{E.}-\text{Stück} \cdot \text{h}}{\text{E.}-\text{Stück} \cdot \text{h} \cdot \text{Tag}}\right] \Rightarrow r_{2_{tägl}} = \underline{\underline{800}} \quad \left[\frac{\text{ME}}{\text{Tag}}\right]$$

17 d) Die minimalen variablen Stückkosten liegen bei der optimalen Intensität. In die variable Stückkostenfunktion ist deshalb der Wert $d_{opt} = 5$ einzusetzen.

$$K_{vStck} = p_1 \cdot r_1 + p_2 \cdot r_2$$

$$K_{vStck} = 2(2d^2 - 16d + 40) + 2(d^2 - 14d + 60)$$

$$K_{vStck} = 6d^2 - 60d + 200$$

$$K_{vStck} = 150 - 300 + 200 \quad \Rightarrow \quad K_{vStck} = \underline{\underline{50}} \quad \left[\frac{€}{\text{E.}-\text{Stück}}\right]$$

zu 18. Formen der Anpassung an sich ändernde Beschäftigungslagen sind:
- zeitliche Anpassung,
- intensitätsmäßige Anpassung,
- zeitlich-intensitätsmäßige Anpassung,
- quantitative Anpassung,
- qualitative Anpassung (selektive Anpassung),
- kombinierte Anpassung (Kombination aus vorher genannten Anpassungsformen).

Je nach Form der Anpassung werden sich die Kosten unterschiedlich entwickeln. So führen beispielsweise eine verlängerte Produktionszeit (zeitliche Anpassung) zur Kostenerhöhung durch Inanspruchnahme von Überstunden oder eine intensitätsmäßige Anpassung zur Kostenerhöhung beispielsweise durch erhöhten Energieverbrauch oder Mehrverbrauch von Schmierstoffen. In vergleichenden Berechnungen ist die kostengünstigere Anpassungsform zu ermitteln.

zu 19. Das Grundprinzip der Veränderung der Ausbringungsmenge besteht darin, dass **sowohl eine zeitliche Anpassung als auch eine intensitätsmäßige Anpassung** durch Veränderung der Fertigungszeit und Veränderung der Intensität angewendet wird. Die Erhöhung der Ausbringungsmenge von einer niedrigeren zu einer höheren Ausbringungsmenge wird durch den diagonal im Diagramm eingezeichneten Pfeil angedeutet (vgl. Abbildung 58). In der kombinierten Anpassungsform werden bei höherer Beschäftigung Kostenerhöhungen eintreten durch:
- das Erhöhen der Intensität (jedes Entfernen von d_{opt} erhöht die Kosten),
- das Verlängern der Produktionszeit, insbesondere durch die Inanspruchnahme von Überstunden.

Die Anpassung sollte immer zuerst durch Einstellen der optimalen Intensität (intensitätsmäßige Anpassung) und danach durch Veränderung der Produktionszeit (zeitliche Anpassung) erfolgen.

zu 20. Folgenden Maßeinheiten gelten für die Lösung:
ME = Mengeneinheiten; E.-Stück = Erzeugnis-Stück; h = Stunde

Intensität d, optimale Intensität d_{opt} $\left[\frac{\text{E.-Stück}}{\text{h}}\right]$;

variable Stückkosten $K_{v\,Stck}$ $\left[\frac{€}{\text{E.-Stück}}\right]$; variable Gesamtkosten $K_{v_{ges}}$ $\left[\frac{€}{\text{Tag}}\right]$

Überstundenzuschläge $Ü_Z$ [%]; Zusatzkosten durch Überstundenzuschläge $K_Ü$ $\left[\frac{€}{\text{Tag}}\right]$

tägliche Arbeitszeit t $\left[\frac{\text{h}}{\text{Tag}}\right]$; Überstunden $t_Ü$ $\left[\frac{\text{h}}{\text{Tag}}\right]$

20 a) Die optimale Intensität errechnet sich aus der Minimierung der Stückkostenfunktion.

$K_{v\,Stück} = 2d^2 - 40d + 400$

$K_{v\,Stück}{}' = 4d - 40 \quad \Rightarrow \quad 4d - 40 = 0 \quad \Rightarrow \quad d_{opt} = \underline{\underline{10}} \quad \left[\frac{\text{E.-Stück}}{\text{h}}\right]$

Ermittlung der Ausbringungsmenge:

es gilt: $m = d \cdot t \;\Rightarrow\; m = d_{opt} \cdot t \;\Rightarrow\; m = 10 \cdot 8 \quad \left[\frac{\text{E.-Stück} \cdot \text{h}}{\text{h} \cdot \text{Tag}}\right] \;;\; m = \underline{\underline{80}} \quad \left[\frac{\text{E.-Stück}}{\text{Tag}}\right]$

Variable Stückkosten bei $d_{opt} = 10$:

$K_{v\,Stück} = 2d^2 - 40d + 400 \;;\; K_{v\,Stück} = 200 - 400 + 400 \quad \Rightarrow \quad K_{v\,Stck} = \underline{\underline{200}} \quad \left[\frac{€}{\text{E.-Stück}}\right]$

20 b) Es gilt: $m = d_{opt} \cdot t \;\Rightarrow\; t = \frac{m}{d_{opt}}$;

$t = \frac{110}{10} \left[\frac{\text{E.-Stück} \cdot \text{h}}{\text{E.-Stück} \cdot \text{Tag}}\right] \quad \Rightarrow \quad t = \underline{\underline{11}} \quad \left[\frac{\text{h}}{\text{Tag}}\right] \;\Rightarrow\; t_{Ü} = \underline{\underline{3}} \quad \left[\frac{\text{h}}{\text{Tag}}\right]$

Wenn mit $d_{opt} = 10$ die gesamte Zeit produziert wird, ergeben sich die Gesamtkosten wie folgt:

bei $d_{opt} = 10 \quad \Rightarrow \quad K_{v\,Stück} = 200 \quad \left[\frac{€}{\text{E.-Stück}}\right]$; es gilt: $K_{Ü} = Ü_Z \cdot t_{Ü}$;

$Ü_Z = 15\% = \text{Faktor } 0{,}15$

$K_{v\,ges} = (K_{v\,Stück} \cdot d_{opt} \cdot t) + (K_{v\,Stück} \cdot d_{opt} \cdot K_{Ü})$; $K_{v\,ges} = (200 \cdot 10 \cdot 11) + (200 \cdot 10 \cdot 0{,}15 \cdot 3)$

$K_{v\,ges} = \left(\frac{€ \cdot \text{E.-Stück} \cdot \text{h}}{\text{E.-Stück} \cdot \text{h} \cdot \text{Tag}}\right) + \left(\frac{€ \cdot \text{E.-Stück} \cdot \text{h}}{\text{E.-Stück} \cdot \text{h} \cdot \text{Tag}}\right) = \left[\frac{€}{\text{Tag}}\right]$

$K_{v\,ges} = (22000) + (900) \quad \Rightarrow \quad K_{v\,ges} = \underline{\underline{22900}} \quad \left[\frac{€}{\text{Tag}}\right]$

20 c) Es gilt: $m = d \cdot t;\; d = \frac{m}{t}$; $d = \frac{110}{8} \left[\frac{\text{E.-Stück} \cdot \text{Tag}}{\text{Tag} \cdot \text{h}}\right]$; $d = \underline{\underline{13{,}75}} \quad \left[\frac{\text{E.-Stück}}{\text{h}}\right]$

Berechnung der variablen Stückkosten:

$K_{v\,Stück} = 2d^2 - 40d + 400$; $d = 13{,}75$ einsetzen,

$K_{v\,Stück} = 378{,}13 - 550 + 400 \quad \Rightarrow \quad K_{v\,Stück} = \underline{\underline{228{,}13}} \quad \left[\frac{€}{\text{E.-Stück}}\right]$

Berechnung der variablen Gesamtkosten:

$K_{v\,ges} = K_{v\,Stück} \cdot m$; $K_{v\,ges} = 228{,}13 \cdot 110 \left[\frac{€ \cdot \text{E.-Stück}}{\text{E.-Stück} \cdot \text{Tag}}\right] \Rightarrow K_{v\,ges} = \underline{\underline{25094{,}30}} \quad \left[\frac{€}{\text{Tag}}\right]$

20 d) Gemäß $K_{vStück} = 2d^2 - 40d + 400$ ergeben sich:

bei $d = 10 \Rightarrow K_{vStück} = 200 \left[\frac{€}{\text{E.-Stück}}\right]$; (siehe 20a)

bei $d = 25 \Rightarrow K_{vStück} = 650 \left[\frac{€}{\text{E.-Stück}}\right]$.

Die Gesamtkosten $K_{v\,ges}$ ergeben sich wie folgt:

bei $d = 10$ und $\left[\frac{\text{E.-Stück}}{h}\right] \Rightarrow t = 6 \left[\frac{h}{\text{Tag}}\right] \Rightarrow m = 60 \left[\frac{\text{E.-Stück}}{\text{Tag}}\right]$
bei $d = 25$ und $\Rightarrow t = 2 \Rightarrow m = 50$

1. Anteil: $K_{v\,ges} = K_{vStück} \cdot m \Rightarrow = 200 \cdot 60 = 12000$ plus
2. Anteil: $K_{v\,ges} = K_{vStück} \cdot m \Rightarrow = 650 \cdot 50 = 32500$

$$K_{v\,ges} = \underline{\underline{44500}} \left[\frac{€}{\text{Tag}}\right]$$

Variantenvergleich:

nach b) zeitliche Anpassung: $K_{v\,ges} = \underline{\underline{22900}} \left[\frac{€}{\text{Tag}}\right]$ ← Bestvariante

nach c) intensitätsmäßige Anpassung: $K_{v\,ges} = \underline{\underline{25094{,}30}} \left[\frac{€}{\text{Tag}}\right]$

nach d) Anpassung mit 2 Intensitäten: $K_{v\,ges} = \underline{\underline{44500}} \left[\frac{€}{\text{Tag}}\right]$

20 e)

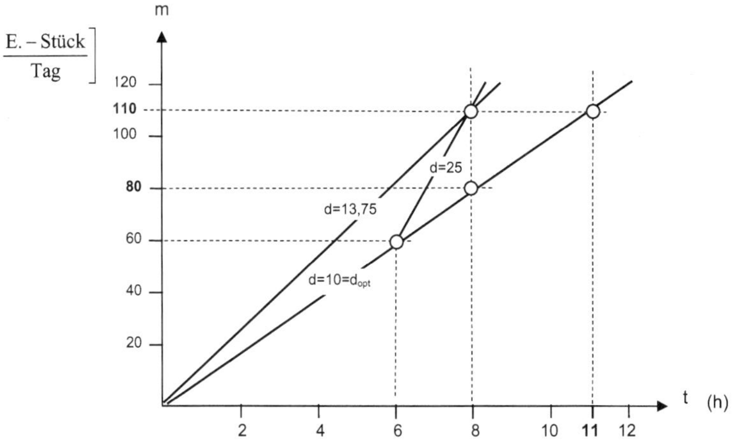

Literatur

Adam, Dietrich:
Produktionspolitik, Wiesbaden, 6., durchgesehene Auflage, 1990

Bea, Franz, Xaver / Dichtl, Erwin / Schweizer, Marcel:
Allgemeine Betriebswirtschaftslehre, Band 3: Leistungsprozess, 6. Auflage, Stuttgart, Jena, 1994

Blohm, Hans / Beer, Thomas / Seidenberg, Ulrich / Silber, Herwig:
Produktionswirtschaft, 2., unveränderte Auflage, Herne/Berlin, 1988

Fandel, Günter:
Produktion I, Produktions- und Kostentheorie,
Berlin/Heidelberg/New York/London/Paris/Tokyo/Hong Kong/Barcelona, 3., neu bearbeitete Auflage, 1991

Ellinger, Theodor/ Haupt, Reinhard:
Produktions- und Kostentheorie, 2. Auflage, Stuttgart, 1990

Heinen, Edmund:
Industriebetriebslehre, 9. Auflage, Wiesbaden 1991

Hoitsch, Hans-Jörg:
Produktionswirtschaft, 2. Auflage, München, 1993

Schweitzer, Marcell / Küpper, Hans-Ulrich:
Produktions- und Kostentheorie, 2. Auflage, Wiesbaden, 1997

Krampe, H. / Lucke, H.-J.:
Einführung in die Logistik, München, 1990
Grundlagen der Logistik, München, 1993 und 2006

Wöhe, Günter:
Einführung in die Allgemeine Betriebswirtschaftslehre,
1993, 18. Auflage, München
1996, 19. Auflage, München
2000, 20. Auflage, München
2008, 23. Auflage, München (Wöhe/Döring)

Wöhe, Günter / Kaiser, Hans / Döring, Ulrich:
Übungsbuch zur Einführung in die Allgemeine Betriebswirtschaftslehre, 8. Auflage, 1996, München